Schräge Heimat

Ute Friesen/Jan Thiemann

Schräge Heimat

Abgefahrene Sehenswürdigkeiten in Bayern

Mit Illustrationen von Susanne Kracht

THEISS

Widmung

Das Buch ist Dominic Poppe gewidmet.

Bibliografische Information der Deutschen Nationalbibliothek
Die Deutsche Nationalbibliothek verzeichnet diese Publikation in der Deutschen Nationalbibliografie; detaillierte bibliografische Daten sind im Internet über http://dnb.d-nb.de abrufbar.

Umschlaggestaltung: Susanne Kracht, Dirlewang

Lektorat: Barbara Buchter, Freiburg
Kartografie: Peter Palm, Berlin
Satz und Gestaltung: DOPPELPUNKT, Stuttgart
Druck und Bindung: betz-druck GmbH, Darmstadt
Gedruckt auf säurefreiem und alterungsbeständigem Papier
Printed in Germany

ISBN 978-3-8062-2523-5

Besuchen Sie uns im Internet: www.theiss.de

Übersichtskarte

Inhalt

Vorwort

Liebe Leser!

Am Anfang dieses Buches steht eine Warnung: Der Besuch von sonderbaren Orten macht süchtig! Als wir mit den Recherchen zu diesem Band fast fertig waren, wollten wir mal einfach „nur“ Urlaub machen. Es gelang nicht. Die Neugier herumzufahren, uns von ungewöhnlichen Interessen und Ideen erzählen zu lassen, abseitige Details aus unserer Geschichte und der anderer Kulturen kennenzulernen, unseren Horizont im eigenen Land zu erweitern – diese Neugier können wir nicht mehr abschütteln. Und so saßen wir im Urlaub doch wieder nicht im Thermalbad, sondern brachen auf zu einer Elefantenohrtrommel …

Dies ist der dritte Band der Reihe „Schräge Heimat“. Das Projekt hat unseren Alltag verändert, den Blick auf unser Land, deren Menschen und ihre Eigenarten. Wir trafen in Schwaben, Franken, der Oberpfalz, Nieder- und Oberbayern Leute mit Visionen und Leidenschaften, die sich für ihr ganz spezielles Ziel einsetzen und viel Kraft dafür aufwenden – sei es die Herstellung von Ritterrüstungen, das Sammeln von Teebeuteln oder Kaffeekannen, das Konservieren einer kleinen Mumie oder die Zucht von tibetanischen Yaks. Die Ergebnisse sind verblüffend und haben uns deutlich gemacht, was man aus eigener Kraft bewegen, erschaffen, vereinen, was man mit manchmal kleinen Mitteln auf die Beine stellen kann. Den Menschen hinter den Kuriositäten möchten wir deshalb unsere Hochachtung aussprechen.

Die „Schräge Heimat Bayern“ zeigt ein Bundesland, das mit Sicherheit nicht nur eines der schönsten und eigenständigsten ist, sondern auch durch die Herzlichkeit der Menschen dort, ihre Offenheit und Lebenslust zu sich einlädt. Überall hat man uns bereitwillig die Türen geöffnet. In Restaurants, bei Metzgern und Bäckern haben wir nicht nur vorzüglich gegessen, sondern auch gute Tipps für weitere schräge Sehenswürdigkeiten bekommen. Das große Bayern ganz bereist zu haben, ist eine wunderbare Lebenserfahrung.

Fahren Sie hin, egal in welche Region des Freistaates, sie werden beeindruckt sein. Das garantieren Ihnen die Profis der Kuriositätenkunde,

Ute Friesen und Jan Thiemann

Ein gebeuteltes Museum

Die größte Teeaufgussbeutelpackungssammlung der Welt in Abtswind

Beim Betreten des Museums für Tee und Gewürze fühlt man sich ein wenig wie in einem anthroposophischen Café. Dem Besucher weht der Duft verschiedenster Heilkräuter entgegen. Das Museum ist riesengroß und befindet sich in einer Scheune, die früher zum Trocknen von Heilkräutern gedient hat. Das Beleuchtungssystem ist ausgetüftelt. Wenn man den Pfeilen in der vorgegebenen Richtung folgt, gehen immer neue Lichter an und dem Betrachter neue Lichter auf. Man erfährt alles über verschiedene Kaffeesorten, Tees und auch nicht unbedingt heilsame Genussmittel. In einer Vitrine liegen Stechäpfel, die Halluzinationen, Rededrang, Weinkrämpfe, Verlust des Zeitgefühls und Herzrhythmusstörungen verursachen können, wenn man Tee aus ihnen kocht. Die Tonkabohne wirkt anregend und erotisierend, weshalb sie in Parfums wie Chanels „Allure" Verwendung findet. Allerdings war sie bis 1991 verboten und steht im Verdacht, Krebs zu erregen. Die ihrem Namen Ehre machenden Tollkirschen kann man im Museum ebenso betrachten wie Mutterkorn aus Bulgarien und Herbstzeitlosensamen. Mit ihnen kann man Schmerzen bei Gicht lindern, aber auch einen Giftmord verüben.

Die meisten der ausgestellten Kräuter sind aber bekömmlich oder gar heilsam und können auch in großen Mengen genossen werden. Zumindest legt dies die unzählbar riesige Menge der mit Wäscheklammern an Schnüren befestigten, schon wieder trockenen, aber benützten Teebeutel nahe. Diese in vorher nie gesehenen Mengen aufgehängten Teebeutel vermitteln eine eigenartige, skurrile Atmosphäre, die dem Betrachter geizig und pedantisch erscheinen mag. Doch auch von Ausdauer und Beharrlichkeit zeugt die Sammlung, denn eine solche Masse an Teebeuteln bekommt man nicht von heute auf morgen zusammen. Eine Teeaufgussbeutelsammlung muss man wirklich wollen. Selbst die leeren Teepackungen wurden von Familie Kaulfuß nicht weggeworfen. In mehreren Museumsräumen zieren sie, eng nebeneinandergeklemmt, Wände und Decken. So entsteht der Eindruck, dass ganze Räume aus Teepackungen bestehen. Es gibt Teeaufgussbeutelpackungen aus unterschiedlichen Ländern zu sehen. Insgesamt handelt es sich nach Angaben der Besitzer um die größte Teeaufgussbeutelpackungssammlung der Welt. Alleine dieses Wort ist es wert, ins Guinness-Buch der Rekorde aufgenommen zu werden. Es gibt alles vom „The morning after" gegen einen Kater über Fastenunterstützungstee bis zum „tension tamer" und auch viele Packungen aus Italien und Osteuropa sind dabei.

Die Sammlung der Samoware ist vielleicht nicht rekordverdächtig, dennoch aber sehr beeindruckend. Vor den jeweiligen Länderfahnen sind die Teebereiter ausgestellt, in denen sich unten eine Brennstoffkammer für Kohle oder Petroleum befindet, bei neueren Modellen ein elektrischer Kocher. Darüber liegt ein Behälter für heißes Wasser mit einem Zapfhähnchen. Auf der Wasserkammer steht ein Kännchen mit sehr starkem Tee, der warm gehalten und mit dem Wasser direkt im Teeglas gemischt wird. Der älteste dieser in Abtswind gezeigten „Selbstkocher", wie die Übersetzung des Wortes „Samowar" lautet, wurde 1540 gefertigt. Ein neuerer erinnert an eine Aluminiummilchkanne, ein weiterer an den Pokal von Wimbledon.

Das Museum zeigt eine riesige Lust an Spiel und Detail: Getrocknete Kräuter sind mit Versen über ihre Heilkraft versehen. Eine Weltkarte aus Gewürzen ziert die Wand, in der die Klimazonen erkennbar sind. Es gibt Tast- und Geruchsstationen. Das Museum Kaulfuß hat in punkto Museumspädagogik also einiges zu bieten. Viele Ausstellungsstücke werden in alten Küchenschränken präsentiert. Auf den Stühlen für müde Besucher liegen feine Häkelkissen. Die Beschriftungen der ausgestellten Dinge sind sehr umfangreich, selbst das Hofhuhn ist beschildert. Sogar einen Gang zum Gruseln hat das Museum zu bieten. Auf was man dort stößt, wird hier nicht verraten.

Adresse:
Gewürzmuseum Kaulfuß
Ebrachergasse 11–13
97355 Abtswind

Öffnungszeiten:
Das Museum hat von März bis November geöffnet: Mo–Fr 9–18 Uhr, Sa 9–13 Uhr (und nach Vereinbarung). Führungen durch das Museum (für Gruppen nur nach Voranmeldung) während der normalen Öffnungszeiten.

Anfahrt mit öffentlichen Verkehrsmitteln:
Vom Bahnhof in Kitzingen mit dem Bus 8111 Richtung Rüdenhausen bis Abtswind (Fahrtzeit: 40 Min.).

Kuriositäten in der Nähe:
- Beweglicher Tod mit Stundenglas in Ochsenfurt
- Sammlung alter Waschmittel in Willanzheim
- Hutewald mit Eichelschweinen in Hellmitzheim
- Schlittenhundezucht in Altmannshausen

Nur die Harten kommen in den Garten

Die winterharte Bayernfeige in Aldersbach

Bayerische Exportschlager, das sind Autos und Motorräder der Bayerischen Motorenwerke aus München, Audis aus Ingolstadt und Bayernfeigen aus Haag. Es sind jährlich 12 000 Feigenpflanzen der Sorte *Ficus Carica Violetta,* die aus der Baumschule der Familie Plattner in alle Welt verschickt werden. Sie sind keine Exoten, sondern urbayerisch.

Vor etwa 1200 Jahren hatte noch kein Mensch Angst vor der Klimaerwärmung, auch wenn die Menschen damals ohne Gänsehaut im Walchensee baden konnten und sicher im Biergarten Schlange standen für eine kühle Maß. Es herrschte eine Warmzeit. In einer Enzyklika Karls des Großen steht, dass die Feigenernte besser gewesen sei als die der Äpfel. Deutschlandweit wurden Feigen angebaut, eine Frucht die ursprünglich von den Assyrern kultiviert und von ihnen seit 700 vor Christus angepflanzt wurde. Das Klima wurde allerdings von da an wieder frostiger – schlecht für die süßen Früchtchen. Gehalten haben sich die Feigen am Rhein, in den Gegenden, in denen im Winter keine große Kälte zu befürchten ist, meist neben Weinreben. In Bayern allerdings musste man die Feigen im Winter ins Warme bringen.

Die Großmutter von Frau Plattner hatte im Sommer neben Kakteen auch eine Feige in ihrem Hausgarten am Hof, ob es sich dabei um einen direkten Nachkommen der Pflanzen aus der Zeit des Heiligen Römischen Reiches handelte, ist unbekannt. Die Feige der Bäuerin wuchs in einer Blechwanne und wurde im Winter in den Hausgang gestellt, von dem es rechts in den Stall und links in die Wohnräume abging. Als Herr Plattner die großmütterliche Feige vermehrte, brachte auch er sie im Herbst nach drinnen. Aber in einem Winter vergaß er die Pflänzchen. Sie froren am Boden an – und Herr Plattner schaffte es nicht, die vereisten Pflanzen in Sicherheit zu bringen. Da vergaßen sie ihre Feigheit und trotzten mutig der Eiseskälte – das Thermometer sank auf –19° C. Der Gärtner war sich sicher, dass der Frost den Südfrüchten den Garaus gemacht hat, doch siehe da – sie wuchsen im kommenden Frühling weiter. Offenbar hatten die Feigen im Laufe ihrer Geschichte von Generation zu Generation an Kälteempfindlichkeit verloren. Herr Plattner gab der Feige den Namen „Bayernfeige Violetta“ und ließ den Namen schützen. Man bekommt sie nur bei ihm und bei Weiterverkäufern in elf Ländern. Lizenzen hat die Baumschule Plattner keine vergeben. Lieber schickt sie sie mit ausgespülten Wurzeln selbst bis nach Japan, denn Erde darf nicht auf die Insel gebracht werden. Es könnten Bakterien und Schädlinge eingeschleppt werden.

Früchte bekommt man bei der Baumschule nicht, höchstens deren Geist. Die Schalen der Feigen sind zu dünn, um die Früchte heil zu transportieren. Dazu eignet sich nur Obst mit robusterer Hülle, wie man es auf dem Markt und in Feinkostläden bekommt. Die Familie Plattner hat sich also entschieden, die Ernte in Wodka einzulegen oder brennen zu lassen, was sich aber als schwierig erwies, denn in Deutschland darf kein Obstbrand aus Südfrüchten hergestellt werden, da hilft es auch nichts, dass sie seit 1200 Jahren hier wachsen und in Bayern gereift sind. Südfrucht ist Südfrucht, basta! Und so müssen die Feigen in Österreich verarbeitet werden, denn dort gilt: „Schnaps ist Schnaps". Fertig gebrannt kommen die vergeistigten Früchtchen dann wieder nach Bayern.
In der Baumschule bekommen Gartenbesitzer übrigens noch andere Gehölze, um aus dem Garten eine Oase zu machen. Allerdings sollten sie daran denken, dass Feigen und Co. zwar in Wüsten gedeihen – aber auch dort nur an Stellen mit viel Wasser. Auch bei Feigen gilt deshalb: Gießen nicht vergessen!
Nur dann kann man eine gute Ernte erwarten und ausprobieren, wie die Feigen wirken. Der Kleine Muck aus dem gleichnamigen Märchen des Schriftstellers Wilhelm Hauff hat es immerhin geschafft, dem Sultan mithilfe von Feigen eine lange Nase und Eselsohren wachsen zu lassen. Ob das auch mit den Feigen aus Aldersbach gelingt, muss jeder selbst ausprobieren!

Adresse:
Baumschule Plattner
Haag 4
94501 Aldersbach

Öffnungszeiten:
März bis Oktober Mo–Fr 8.30–12 und 13–18 Uhr, Sa 8.30–13 Uhr,
November Mo–Fr 8.30–12 und 13–17 Uhr, Sa 8.30–13 Uhr,
Dezember bis Februar: Termine nach Vereinbarung unter Tel. 0 85 47/5 88,
Fax 0 85 47/16 96 oder E-Mail: baumschule-plattner@t-online.de

Anfahrt mit öffentlichen Verkehrsmitteln:
Ab Bahnhof Vilshofen (Niederbayern) mit dem Bus 6109 Richtung Gainstorf bis zur Haltestelle in Kriestorf (Fahrtzeit: 27 Min.). Ab hier bergan zu Fuß am Käserberg vorbei 2 km zur Gärtnerei.

Kuriositäten in der Nähe:
- Drehorte von „Forsthaus Falkenau" in Ortenburg
- Nationalsozialistische Thingstätte bei Leutkirch

Bücken hilft dem Rücken

Der Schlupfstein in Altenmarkt an der Alz

Hoch über der einst für den Transport von Salz wichtigen Handelsstraße durch Altenmarkt und Wasserburg steht eine kleine Kirche mit Nebengebäuden. Von außen verrät das schlichte Kirchlein nichts über seinen wundertätigen Inhalt. Doch um einen in den Boden eingelassenen Stein im Kircheninneren befindet sich eine Einfassung aus poliertem Marmor, in die 1720 eingraviert wurde: „Wahrer ort und merkmal so alhier der H. Bischoff Wolfgangus in einer Durchreiß bey genommener Rasst in dießen Stein als ein Zeichen unterlaßen hat".

Aus der Umbauung ist ein Bogen ausgeschnitten. Man kann über den Wunderstein kriechen, unter dem Bogen durchschlüpfen und hoffen, damit Rückenschmerzen zu lindern oder leichter Kinder zu bekommen. Das Problem: Menschen, die einen versteiften Rücken haben, werden sich nur schwer durch die Höhlung schlängeln können – und Menschen, deren Rückenschmerzen mit einem dicken Bauch zusammenhängen, müssen erst mal abnehmen – was ja auch schon heilsam sein könnte. Der Stein ist durch die vielen Wallfahrer schon ganz blank poliert, das Durchkriechen geht also ziemlich glatt.

Der heilige Wolfgang selbst müsste ein ziemlich korpulenter Kerl gewesen sein, wenn er tatsächlich die Abdrücke in den Findlingen aus rotem Marmor in der Kirche Sankt Wolfgang hinterließ. Der Findling in der Mitte der Kirche hat tiefe Einbuchtungen. Dies sollen die Fußstapfen des Heiligen sein, von dem es heißt, er habe an dieser Stelle auf dem Feld den Bauern das Evangelium verkündet.

Der Fels in der Turmvorhalle hat die durch die Pobacken bei einer Rast in den Stein gedrückten Dellen konserviert, sagt man. Ziemlich wahrscheinlich kam dem Heiligen dabei der jahrhundertelang auf den Stein tropfende Regen zu Hilfe.

In der Mitte des Hochaltars sitzt in einer Nische voller gemalter Engel auf einem roten Podest eine Statue des Heiligen. In der Linken hält sie einen Bischofsstab, in

der Rechten das Modell einer Kirche und ein Beil. Auf dem Alter sitzen rechts und links von Gott, dem Vater, zwei Engel, auch sie mit Beil und Kirchlein.
Der Bischofsstab deutet auf den realen Wolfgang hin, den Schwaben also, der ab 972 Bischof von Regensburg war und das Amt 20 Jahre inne hatte. Dabei reformierte er die Kirche und wollte die Mönche zu einem moralisch einwandfreien Leben anregen. Er ordnete an, dass Bischöfe nicht gleichzeitig Klöstern als Abt vorstehen dürfen und war bereit, für seine Ideale auf eigene Macht zu verzichten. Er erzog auch den bayerischen Herzog Heinrich den Zänker und wurde nach seinem Tode in Sankt Emmeram zu Regensburg begraben.
Das Beil und das Kirchenmodell entstammen der Legende des Heiligen, die an der Emporenbrüstung dargestellt ist. Er soll durch den Wurf eines Beils gezeigt bekommen haben, wo er eine Kirche in der Nähe des Wolfgangsees in Österreich errichten solle. Beim Bau hat ihm, so heißt es, der Teufel geholfen, welcher dafür die Seele des ersten Kirchenbesuchers zugesprochen bekam. Der Erste, der die Kirche betrat, war aber ein Wolf. Ausgetrickst!

Adresse:
Kirche Sankt Wolfgang
Sankt Wolfgang
83352 Altenmarkt an der Alz

Information über:
Rathaus Altenmarkt an der Alz
Fremdenverkehrsamt
Hauptstraße 21
83352 Altenmarkt a. d. Alz

Öffnungszeiten:
Können vorab beim Fremdenverkehrsamt, Tel. 0 86 21/98 45-0 oder beim Pfarramt, Tel. 0 86 21/27 53 erfragt werden.

Anfahrt mit öffentlichen Verkehrsmitteln:
Ab dem Bahnhof in Traunstein mit dem Stadtbus 9522 Richtung Kienberg bis zum Gasthof zur Post in Obing. Dort umsteigen in den Stadtbus 9441 Richtung Trostberg bis zur Haltestelle „Abzweigung St. Wolfgang“ oder vom Bahnhof Wasserburg (Inn) mit dem Stadtbus 9421 Richtung Wasserburg-Stadt, Alter Bahnhof. Hier umsteigen in den Stadtbus 9441 Richtung Trostberg bis zur Haltestelle „Abzweigung St. Wolfgang“ (Fahrtzeit variiert je nach Verbindung).

Kuriositäten in der Nähe:
- Heilige Leiber in der Abtei Frauenwörth im Chiemsee
- Peitschenbauer Simon Wolff in Chieming

Geheimwaffen einer Frau

Der älteste Perlonstrumpf der Welt in Altenstadt

Da liegt es in einer Vitrine: eines der begehrtesten Produkte der Neuzeit, das sich vor 60 Jahren jede Dame von Welt wünschte und das viele Männer, sich die Nase zuhaltend, verfluchen, wenn die Liebste abends aus ihren Schuhen schlüpft und die Kunstfasern plötzlich den in ihnen tagsüber angesammelten Duft verströmen können: der Perlonstrumpf! Im Museum in Altenstadt wird allerdings nicht irgendein Perlonstrumpf aufbewahrt, sondern der erste!

Das Museum zeigt, dass es auch vor dem Perlon wunderschöne Strümpfe gab und dass eine geübte Frau in der Lage war, unglaublich filigran und fein gemusterte Strümpfe sogar von Hand zu stricken. Allerdings schafft selbst die geübteste Strickerin kaum mehr als 100 Maschen pro Minute – das kann also dauern. Das Museum zeigt Kunstwerke mit eingestrickten Perlen und Seidenfüßlinge mit Stickerei sowie Lochmusterstrümpfe.

In Wirkmaschinen ließen sich Strümpfe deutlich schneller herstellen. Die 1905 erfundene Jacquard-Maschine machte es möglich, auch maschinell komplizierteste Spitzenmuster und feine Ranken einzuarbeiten. Diese Strümpfe aus Baumwolle oder Seide waren kleidsam und elegant, doch sie hatten einen Nachteil: Das Bein sah nach wie vor bekleidet aus.

Erst Kunstfasern ermöglichten das kleine Wunder, am Bein etwas anzuhaben und trotzdem nackig auszusehen. Die beinahe durchsichtige Strumpfhosenmode versprach Erotik pur. Zuerst wurde 1938 in Amerika Nylon erfunden. Das Garn aus Kohle, Wasser und Luft eignete sich zum Vernähen von Wunden, als Angelschnur und für Zahnbürsten. Der Verkauf der ersten Damen-Feinstrümpfe aus Nylon am 24. Oktober 1938 war für die Firma Du Pont ein absoluter Erfolg. Am 16. Mai 1940 gingen die ame-

rikanischen Nylonstrümpfe in Serienproduktion – innerhalb von zwei Tagen waren vier Millionen Paare verkauft.
In Deutschland erfand ebenfalls 1938 der Chemiker Dr. Paul Schlack bei der IG Farben eine andere Kunstfaser. Die Firma Elbeo erkannte schon wenige Monate später, dass das Material für Strümpfe hervorragend geeignet wäre und stellte geheim unter dem Arbeitsnamen Perolan den ersten Perlonstumpf her. Das war streng verboten! Fürchtete der Gröfaz etwa um die Moral seiner Truppe, wenn die Herren durch fein bestrumpfte Damenbeine abgelenkt würden? Das Verbot hatte einen anderen Grund: Perlon war zum kriegswichtigen Material erklärt worden. Aus Perlon entstanden Schläuche für Flugzeugreifen, die hohem Druck standhielten, Seile und Schnüre sowie Borsten für die Reinigung von Waffen. Weil das Klima in Deutschland den Seidenraupen missfällt, mussten auch Fallschirme komplett aus der Kunstfaser hergestellt werden. Paul Schlack erhielt für seine Erfindung das Kriegsverdienstkreuz erster Klasse. Es heißt jedoch, dass die IG Farben Perlonstrümpfe für die Gattinnen hoher Angestellter der Firma fertigen ließ: wahrlich wehrzersetzend!
Kaufen konnte man Perlonstrümpfe dann nach dem Zweiten Weltkrieg, doch sie waren teuer. Frauen, die kein Geld hatten, um es in Bekleidung zu investieren, färbten ihre Beine mit Kaffeesatz und malten sich hinten am Bein von der Ferse bis zum Knie einen Strich, der aussehen sollte, wie die Naht der Perlonstrümpfe: Body Painting aus Not.

Adresse:
Vatter GmbH
Werksmuseum
Niederhofener Straße 10
86972 Altenstadt

Öffnungszeiten:
Mo–Fr 9.30–12 und 13–17.30 Uhr, Sa 9–12 Uhr.

Anfahrt mit öffentlichen Verkehrsmitteln:
Vom Bahnhof Schongau aus mit dem Stadtbus 9821 Richtung Steingaden bis zur Haltestelle „Altenstadt Schwabsoier Straße“ oder mit dem Stadtbus 9659 bis „Altenstadt Kaserne“ (Fahrtzeit: 17 Min.).

Kuriositäten in der Nähe:
- Die tiefsten Blockflöten (Subkontrabass) Deutschlands bei Blockflötenbau Petzold in Ebenhofen
- Sterbebildsammlung in Burggen
- Älteste Bergwetterstation der Erde in Hohenpeißenberg

Kein Hexenlandeplatz

Hammerschmiede in Altmannstein-Hexenagger

Herr Huber ist Schmied mit Leib und Seele. Der Meister seines Fachs führt auch mit Freude sein Handwerk in der historischen Hammerschmiede vor. Die Hämmer werden von Wasserkraft betrieben, alles ist funktionstüchtig und wird von Herrn Huber auch benutzt. Er schmiedet eben mal so einen Nagel für die Dame, die ihm unter den Besuchern auffällt, und scherzt dabei auf bayrisch-deftige Art herzlich mit den staunenden Gästen. Er hat so manches Erlebnis zu erzählen und ist beschlagen in Regionalgeschichte. Man bekommt in der Oberpfalz eine solche Schmiede nur noch in Hexenagger am angestammten Platz mit dem dazugehörigen Originalschmied zu sehen. Herr Huber kam schon als junger Geselle in die Schmiede und hält sie bis zum heutigen Tag in Schuss.

Wahrscheinlich kann man in einem Freilichtmuseum andernorts Hammerschmieden bewundern, aber nicht mit einem Hexenlandeplatz. Ja, ganz richtig, es gibt einen Hexenlandeplatz! Den hat nicht Herr Huber eingerichtet, im Gegenteil. Eines Tages bog sich eine der Fichten im Garten hinter der Schmiede in der Stammmitte auf mysteriöse Weise zum Boden hin. Das ist schon ungewöhnlich genug, denn Bäume wachsen meistens zielstrebig in den Himmel. Das sah der Baum dann anscheinend auch ein und entschloss sich, wieder normal zu wachsen. Seither beschreibt der Stamm des Baumes aber eine Schlaufe, einen „Hexenlandeplatz“. Die Menschen in Hexenagger sind schon immer auf der Hut vor Hexen, wenn auch der Ortsname auf die Hecken der Umgebung zurückgeht. Früher wurden oft Gruselgeschichten über Geister und Hexen erzählt, auch wurden in früheren Jahrhunderten von Hexenagger aus dreißig Frauen nach München gebracht und dort als Hexen verbrannt.

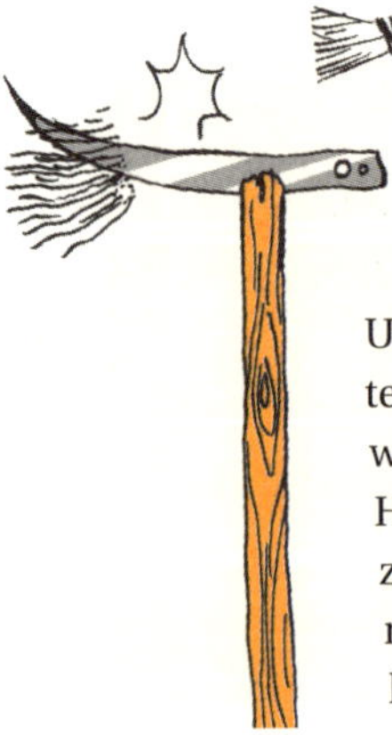

Um Hexen von der Landung auf einem Hexenlandeplatz abzuhalten, kennt man in Hexenagger ein altes, bewährtes Mittel. Man verwendet eine Hexenabwehrsense. Diese Abwehrwaffe wird von Herrn Huber angefertigt und in der Nähe des angenommenen Landeplatzes positioniert. Die Funktionsweise einer Hexenabwehrsense ist recht simpel: Die nach oben gerichtete Schneide des extralangen, leicht gebogenen Sensenblattes ist am Ende eines Masts ange-

schlagen. Beabsichtigt eine Hexe nun zu landen, streift sie dabei mit ihrem Besen die Sense, was bekanntlich jeden Hexenbesen sofort flugunfähig macht oder zumindest beschädigt. In der Folge stürzt die Hexe ab oder wird an einer Landung gehindert. Die Position von Sensen zur Hexenabwehr spricht sich unter den rasanten Fliegerinnen so schnell herum wie ein Blitzer auf der Autobahn. Die Abwehrsense ist also auch ein vorbeugender Schutz gegen flugfähige Hexen aller Art.
Auf dem Dach der Schmiede kann man eine frühe Form des Blitzableiters sehen, dort wächst eine Dachwurz. Dieser unscheinbaren Pflanze schrieb man früher Schutzwirkung gegen Blitzeinschläge zu. In der alten Hammerschmiede selbst haben sich natürlich neben alten Werkzeugen und geschichtlichen Dokumenten eine Mehrfachmausefalle, eine Sammlung von Hufeisen (auch orthopädische und geräuschreduzierte) und andere Schmiedeteile erhalten. Die benachbarte Wohnküche ist Ausstellungsort für so mancherlei andere Dinge, die Herr Huber geschmiedet oder gesammelt hat. Und auch Frau Huber sammelt – Schreibmaschinen. Es gibt sogar eine arabische Schreibmaschine, die von rechts nach links schreibt.

Adresse:
Hammerschmiede Huber
Schambachweg 3
93336 Altmannstein-Hexenagger

Öffnungszeiten:
1. April bis 15. Oktober nach Vereinbarung (Tel. 0 94 12/13 86).

Anfahrt mit öffentlichen Verkehrsmitteln:
Vom Nordbahnhof in Ingolstadt aus mit dem Bus 221 Richtung Riedenburg bis Hexenagger (Fahrtzeit: 1 Std.).

Kuriositäten in der Nähe:
- Hopfeneis im Hopfenmuseum Tettenwang
- Holzfahrrad in der Form eines Ziegenbockes in Oberstimm
- Hungerbrötchen im Herzogskasten Abensberg
- Fressende Raubfischfossilien im Jura-Museum in Eichstätt auf der Willibaldsburg
- Grab von Sophia Kettner, die sich aus Geldmangel als Mann ausgab und als Soldat diente, in Eichstätt
- Funktionsfähiger Miniaturmähdrescher in Karlshuld (Achtung: hoher Besichtigungspreis!)
- Garten mit bunten, originalen Beltzig-Plastikmöbeln in Deimhausen
- Anatomiekunst von Dr. Christoph von Horst in Mainburg

Die Rettung für Pünktchen und Anton

Das Raubtierasyl in Ansbach-Wallersdorf

Im Briefkasten des Raubkatzenasyls landen nicht nur Rechnungen und Werbefaltblätter. Am liebsten ist es Olaf Neuendorf, der dreimal am Tag in den etwas größer dimensionierten Kasten schaut, wenn ein Reh oder Hirsch hineingeworfen wurde. Die Jäger der Umgebung wissen, dass Herr Neuendorf jederzeit gerne die Opfer von Wildunfällen in Empfang nimmt und auch Metzger dürfen gerne abgeben, was nicht über die Theke ging. Die Reste werden ratzfatz verzehrt. Dennoch muss der einzige vom Verein angestellte Tierpfleger viel zukaufen, etwa wenn im Tierheim einmal wöchentlich Geflügel auf dem Speiseplan steht. Einmal in der Woche gibt es nichts. Da wird gefastet. Nicht aus Geiz, sondern aus gesundheitlichen Gründen.
In Deutschland gibt es über 1000 Tierschutzvereine – und ähnlich viele von ihnen betriebene Tierheime. Wenn ein Tierhalter eine Katzenhaarallergie bekommt oder das Frauchen von Hänschen, dem Kanarienvogel, verstirbt, dann vermitteln die Vereine der Katze oder dem Vogel mit etwas Glück ein neues kuscheliges Heim und eine neue Familie. Ein Problem besteht allerdings, wenn die Katzen etwas groß geraten sind, so wie Pünktchen und Anton. Die Polizei fand 1999 die beiden illegal gezüchteten Pumas, als sie in Sachsen einen Mann wegen Kindesmissbrauchs festnahm und seine Wohnung durchsuchte. Der Puma ist eine scheue Katze, die menschliche Nähe für gewöhnlich meidet, seine Umgebung intensiv mit Harn und Kot markiert, über 5 Meter hoch springen kann – und sich nicht als Kuscheltier für daheim eignet. Die Polizei suchte nach einer Unterkunft für die beiden Tiere und brachte sie nach Wallersdorf. Eine ähnliche Geschichte haben alle Tiere dort. Die Sibirischen Tiger Boris, Igor und Ussuri wurden in Wallersdorf am 13. Juli 2006 geboren. Ihre trächtige Mutter stammt ebenso aus einem Zirkus wie Tiger und Kiara, Vater und Tochter. Ob sie Kunststücke können, weiß keiner, denn die Tiere wurden nicht vom Zirkus abgegeben, sondern von der Polizei vermittelt. Die Tigerin Rhani wurde vom Zoll beschlagnahmt. Ein Reisender hatte sie in einer Reisetasche geschmuggelt und wollte das vier Wochen alte Tigerbaby an einen Zoo verkaufen. Ihr Besitzer hat sie nur mit Kondensmilch ernährt, was ihr gesundheitlich nicht gut bekam. Am 9. September 1993 kam sie nach Wallersdorf und wurde mit der Flasche großgezogen.
Die Raubkatzen in Wallersdorf tauschen regelmäßig die Gehege. Es soll ihnen nicht langweilig werden. Ein Umzug in die freie Wildbahn käme für keines der Tiere infrage, denn sie haben nicht gelernt, wie man Beute fängt. Wenn die Kaninchen des

Tierasyls frei herumlaufen, dann muss man keine Angst haben, dass ein Tiger sich die Tiere schnappt und sie verputzt. Lebendige Nahrung kennen die Tiere nicht. Sie würden mit den Häschen höchstens spielen.

Neben Tigern und Pumas gibt es in Wallersdorf noch Finja und Lea. Finja ist eine Polarfüchsin, die man im Winter in ihrem weißen Winterkleid und im Sommer im braunen Pelz bewundern kann. Sie wurde mit anderen Welpen aus einem Kofferraum am Fahrbahnrand verkauft. Sie gibt Töne wie ein Baby von sich und genießt es, wenn Menschen kommen, um sie anzusehen. Sie lebt mit einem etwas zurückhaltenderen Rotfuchs namens Lea im selben Gehege.

Die meisten Tiere im Asyl sind schwer vermittelbar und werden wohl dort bleiben. In den vergangenen 20 Jahren konnte nur ein Ozelot an neue Besitzer abgegeben werden. Manche Tiere kommen lediglich als Gäste, so wie die drei Rotgesichtsmakaken aus einem schlecht geführten kleinen Privatzoo in Hessen, die bei unserem Besuch zum ersten Mal probierten, wie Laub schmeckt. Frisches Grün hatten sie in ihrer alten Heimat nie gesehen. Der engagierte Käufer der maroden Anlage, aus der die Tiere stammten, möchte dort das Gehege umbauen und artgerechte Bedingungen schaffen. Die Tiere sind nur während der Umbauphase in Bayern. Dann ist wieder Platz für neue Bewohner.

Die Behörden erfahren sofort, wenn ein Käfig für ein misshandeltes Tier frei wird – und leider bleibt er es meist nicht lange.

Adresse:
Raubtier- und Exotenasyl e.V.
Leinmühlstraße 2
91522 Ansbach-Wallersdorf

Öffnungszeiten:
Jeden 1. Sonntag im Monat ist von 13–17 Uhr „Tag der offenen Türe" mit Kaffee und Kuchen im Tigercafé mit Blick in die Gehege. Der Erlös kommt den Tieren zugute. Besuche sind aber auch sonst jederzeit nach Absprache mit Olaf Neuendorf möglich (O.Neuendorf@raubkatzenasyl.de, Tel. 01 70/4 15 19 72).

Anfahrt mit öffentlichen Verkehrsmitteln:
Von Ansbach aus an Wochentagen mit dem Bus 762 bis Wallersdorf (Fahrtzeit: 16 Min.). Am Wochenende verkehren Linienbedarfstaxis. Bitte mindestens eine Stunde vorher unter Tel. 09 81/1 94 10 oder 09 81/50 05 anmelden.

Kuriositäten in der Nähe:
- Glocken aus türkischen Kanonen an der Kirche St. Ludwig in Ansbach
- Stück der Berliner Mauer in Ansbach

Antike Waren vom Konditor

Sammlung von Architekturmodellen aus Kork im Schloss Johannisburg in Aschaffenburg

Sie kennen das Problem vom letzten Verwandtschaftsgeburtstag! Beim Kaffeetrinken wollte wieder kein intelligentes Gespräch zustande kommen! Onkel Matthias schenkte sich das zweite Bier ein und referierte lang und ausführlich über die Querelen im Spielmannszug. Tante Sabine stocherte im Salat und erzählte von den letzten sieben misslungenen Diäten. Die Vettern stritten sich um den Heidelbeerkuchen. Sie selbst waren frustriert! Seit Stunden warteten Sie auf eine Gelegenheit, mit Ihrem umfangreichen historischen Wissen protzen zu können. Doch Sie sind in guter Gesellschaft: Ähnliche Probleme plagten auch die noblen Kreise Deutschlands während der vergangenen Jahrhunderte. Aber es gibt eine Lösung. Carl Theodor von Dahlberg, der 1802 Kurerzkanzler wurde und mit seinem Hofstaat nach Aschaffenburg zog, kaufte von seinem Konditor Carl May (der nichts mit dem Schöpfer von Old Shatterhand zu tun hat) 38 von diesem angefertigte Korkmodelle. Sie alle zeigen antike Bauwerke aus Rom, detailgetreu nach den steinernen Vorbildern gearbeitet. Die Tischzier wurde in der Hofkonditorei aufbewahrt.

Dominicus, ein großer Fan der nicht essbaren, aber sehr ansehnlichen Korkmodelle, die auch Phelloplastiken genannt werden, schrieb im Jahre 1800: „Kein Werk der Kunst kann deswegen würdiger seyn, einen Platz in den Kunstkabinetten zu finden, als diese Modelle; keines hat mehr Anspruch unter den Verzierungen geschmackvoller Zimmer zu glänzen; keines mehr, die Tafeln großer Herren zu schmücken, da diese oft durch die geschmacklosesten und widersinnigsten Aufsätze entstellt sind, und dem Kunstliebhaber bei der nicht selten an diesem Orte gewöhnlichen Langweile, gar keinen Stoff zu belehrenden Gesprächen gewähren."

Die Korkmodelle können heute immer noch zu belehrenden Gesprächen herangezogen werden, allerdings kann man sich nicht mehr zeitgleich geistigen und körperlichen Genüssen hingeben, denn die Aschaffenburger Korkmodelle stehen nicht mehr auf der Speisetafel, sondern in Vitrinen. Die von Carl May mit „tempio della fortuna mu-liebris", was so viel bedeutet wie „Tempel des weiblichen Glückes", bezeichnete Bastelei gibt sicher Gelegenheit zu philosophischen Diskussionen, denn was Carl May nicht wusste: Inzwischen ist bekannt, dass es sich bei dem Gebäude nicht um einen Tempel für die Lebensfreude der Frauen handelt, sondern

um eine Totengedenkstätte für Trauernde. Das genaue Alter des Grabbaus ist unbekannt – auch Mays Kopie ist nur ungefähr datierbar, sie ist zwischen 1792 und 1814 entstanden. Das Modell hat den Maßstab 1:25. Die Höhe beträgt 42,5 Zentimeter. Sogar auf dem Modell kann man gut erkennen, wie unterschiedlich die Materialien sind, aus denen das Originalgebäude errichtet wurde.
Manche Modelle stehen gleich doppelt in der Sammlung, etwa der Hustentempel von Tivoli, der „tempio delle tosse a tivoli". Der Tempel hat vermutlich wegen des Echos im Inneren seinen sonderbaren Namen bekommen. Wer im alten Rom hier gehustet hat, ist auch Archäologen und Historikern unbekannt. Das Original könnte auch ein Grabmal, ein Nymphäum oder der Eingang zu einem Wohnhaus gewesen sein. Das helle Korkmodell wurde offenbar etwas zu stark und kräftig gereinigt, denn die Farbe ist beim Schrubben beinahe verschwunden. An beiden jedoch erkennt man die kunstvolle Ziegelstruktur mit den eingeschobenen Lagen aus Muschelkalk.
Das Rohmaterial für die Tischaufsätze waren Korktafeln, die von den in Südeuropa wachsenden Korkeichen abgeschält wurden. Diese Rindenstücke musste Carl May zuerst pressen, anschließend glätten und dann mit sehr scharfen Messern oder winzigen Sägen und Raspeln bearbeiten. Die Verzierungen wurden mit Stahlpressen eingedrückt bzw. aus Gips gegossen. Es kamen Grabstichel, winzige Holzkeile, Leisten- und Karnishobel sowie verkleinerte Bohrer, Meißel und Hämmerchen zum Einsatz. Eine passende Arbeit für einen feinfingrigen Konditor.

Adresse:
Schloss- und Gartenverwaltung Aschaffenburg
Schlossplatz 4
63739 Aschaffenburg

Öffnungszeiten:
April bis September 9–18 Uhr, Oktober bis März 10–16 Uhr; montags sowie am 1. Januar, Faschingsdienstag, 24., 25 und 31. Dezember geschlossen.

Anfahrt mit öffentlichen Verkehrsmitteln:
Ab dem Aschaffenburger Hauptbahnhof mit dem VU-Bus 10 Richtung Schweinheim bis zur Haltestelle „Freihofsplatz" (Fahrtzeit: 5 Min.).

Kuriositäten in der Nähe:
- Ältestes Gasthaus Deutschlands in Miltenberg
- Kleinstes Theater der Welt in Miltenberg

Gut abgehangen

Der Lötschmüllerhof in Bad Bayersoien

Wer seinen Beruf an den Nagel hängen möchte, der ist beim Josef Maier richtig. An den Wänden seiner Scheunen und Garagen hängt landwirtschaftliches Gerät und Handwerkszeug verschiedenster Berufe, darunter eine imposante Sammlung von Hobeln, Sägen, Äxten und Zangen. Manche sind beschriftet. Man erfährt, dass das rostige Gerät mit Wellen und Handgriff als Mistschneider verwendet wurde. Es ist dem Sauborsteneisen, das ebenfalls ausgestellt ist, nicht unähnlich. Schildchen und Plexiglastextträger gibt es im Museum keine. Die Beschreibung ist direkt mit weißer Farbe auf die Gegenstände geschrieben. Unter den Äxten ist die so bezeichnete „Totschlagaxt“ besonders imposant.

Dies ist kein Museum für Ordnungsfanatiker und Vitrinchenliebhaber. Der direkt an den Soier See angrenzende Lötschmüllerhof ist eine Ode an das Chaos, ein Ausdruck der Freude an der Fülle! Seit 1975 sammelt der Bauer alles, was ihm angeboten wird und was er erhaltungswürdig findet. Die Gegenstände müssen nicht kostbar sein: Das Meiste hat er dem Schrotthändler abgekauft, anderes durfte er mitnehmen, wenn er gebeten wurde, alte Höfe auszuräumen. Jedes Jahr kommen neue Dinge dazu, die andere wegwerfen wollten, und werden aufgehängt. Platz zum Aufstellen gibt es nicht, denn in den Scheunen stehen keine Museumsstücke, sondern die noch verwendeten landwirtschaftlichen Geräte des Hofes. Aus den Resten eines aufgegebenen Andenkenladens hat Josef Maier eine kleine Hirschherde zusammengestellt und auf einen Balken geleimt. Alte Grabsteine und Grabkreuze, ein verwittertes, ausgestopftes Eichhörnchen nebst einem zerfallenen Elstern- und einem Eulenbalg geben der Ausstellung ein morbides Flair.

An der Fassade der größten Scheune hängt direkt unter dem Giebel eine riesige Kuhglocke neben einem Porträt Edmund Stoibers. Auf der Balustrade darunter stehen eine schwarz-rot-goldene Kuh, die faire Milchpreise fordert, ein geflochtener

Echelsbacher Brücke

Ganz in der Nähe von Bad Bayersoien befindet sich eine Melan-Bogenbrücke, die zur Erbauungszeit 1929 mit 130 Metern als die Brücke dieses Typs mit der weitesten Bogenspannweite der Welt galt. Joseph Melan, der Erfinder dieser Technik, arbeitete als Professor in Wien. Die Brücke besteht aus 500 Tonnen Stahl, der mit Beton ummantelt wurde, die Fahrbahn liegt 76 Meter über dem Talboden.

Bienenkorb und ein Messerschleiferstein. Darunter hängen Petroleumlampen und Glockenschlägel. Sie baumeln über an der Wand befestigten Fischernetzen und Rechen. Auf dem Brennholzstapel für den Winter steht ein hölzerner Fasswagen, davor eine Waage und eine plastiksonnenblumendekorierte Milchkanne. Hufeisen dürften neben Bierdeckeln, alten Geldscheinen, Wagenrädern, Zahnkränzen und Sprungfedern zu den zahlenmäßig häufigsten Gegenständen des skurrilen Museums gehören. Zu den moderneren Stücken zählen die Lautsprecheranlage des ESV Bayersoien, eine Radiosammlung und die unentbehrlichen Feuerlöscher. Das örtliche Laientheater bedient sich gerne im Fundus des Lötschmüllerhofes.
Auf den Lötschmüllerhof stößt man automatisch bei einem Spaziergang um den See in Bad Bayersoien. Vorn am Ufer sitzt ein Angler in Art einer Vogelscheuche. Er wartet jahrein, jahraus auf einen guten Fang. Er habe einen Dauerangelschein, behauptet Josef Maier. Vom See führt ein Weg auf den Hof. Dieser ist natürlich Privatgelände, doch stört es den Besitzer nicht, wenn Reisende einen Blick in seine offenen Scheunen werfen. Nur im Weg herumstehen sollten sie nicht, denn in erster Linie ist das Gelände ein Arbeitsplatz. Wer Erklärungen durch den originellen Sammler bekommen möchte, der kann an der Touristeninformation erfahren, wann Josef Maier die nächste Führung plant.

Adresse:
Lötschmüllerhof
Joseph Maier
Dorfstraße 79
82435 Bad Bayersoien

Führungstermine bei:
Kur- und Tourist-Information
Dorfstr. 45
82435 Bad Bayersoien
Tel. 0 88 45/70 30 62-0

Anfahrt mit öffentlichen Verkehrsmitteln:
Vom Bahnhof in Oberau mit dem Stadtbus 9606 Richtung Echelsbacher Brücke bis zur Haltestelle „Bad Bayersoien-Eisplatz“ (Fahrtzeit: 50 Min.). Man kann auch von Saulgrub den Stadtbus 9606 Richtung Füssen nehmen. Er hält ebenfalls am Eisplatz in Bad Bayersoien (Fahrtzeit: 33 Min.).

Kuriositäten in der Nähe:
- Weltweit ältestes Bahnkraftwerk in Saulgrub
- Sterbebildsammlung in Uffing am Staffelsee
- Zauberstube in Oberammergau

Elegante Irrtümer und Hunderevolver

Deutsches Fahrradmuseum in Bad Brückenau

Wenn sie Fahrräder mögen, wird ihnen das Fahrradmuseum gut gefallen. Wenn sie Fahrräder sehr mögen, bringen sie am besten einen ganzen Tag mit, denn sie werden eine einmalige Sammlung historischer Fahrzeuge zu Gesicht bekommen. Die Welt des Fahrrades von der Laufmaschine bis zur Designstudie wird in der zurzeit umfangreichsten und qualitativ hochwertigsten Sammlung historischer Fahrräder in Deutschland, der Sammlung Sojc, gezeigt.
In der Jugendstilvilla hat die Ausstellung ein sehr schönes und passendes Ambiente gefunden. Der Rundgang durch das Museum führt durch die Geschichte der Fahrradentwicklung und zeigt auch die technischen Fehlentwicklungen und Sackgassen, in welche die Erfinder und Weiterentwickler des heute so normalen Fahrrades gerieten. So hatte z. B. das ab ungefähr 1870 übliche Hochrad trotz seiner Anmut und des recht guten Rollverhaltens einen entscheidenden Nachteil: die Unfallgefahr! Man tüftelte an dieser Form des Rades lange herum, bis man die Bauform zugunsten des Niederrades mit Kettenantrieb aufgab. Daran konnten auch aufwendige Dreiradkonstruktionen, tiefergelegte Hochradvarianten oder verbesserte Antriebskonzepte nichts ändern.
Der Radler war in frühen Zeiten nicht nur sturzgefährdet, auch freilaufende Hunde musste er sich während der Fahrt vom Leibe halten. Also benutzte er kleine Schreckschusspistolen und sogar am Fahrrad festmontierte Schussapparate, um Straßenköter zu vertreiben. Man schraubte sich in dieser Zeit auch noch Nagelfänger an die Räder, Bügel, die knapp neben dem rotierenden Rad befestigt wurden. Sie sollten das Eindringen von überall herumliegenden Hufnägeln der Pferde in die Fahrradreifen verhindern. Doch auch Schmuck wurde am Fahrrad angebracht. Bei der Fahrradblumenvase wird die Blume durch einen Drehring gegen Verlust gesichert. Für radelnde Soldaten gab es den polierten Säbelhalter. Das Militär nahm sich in den 1880er-Jahren des Fahrrades an und so wurden am Ende des Jahrhunderts die ersten Fahrradeinheiten gegründet, nachdem Tests und erste Einsätze in Kriegen die Nutzbarkeit von Fahrrädern für das Kriegswesen bestätigt hatten. So ist das im Krieg verwendete Fahrrad auch ein Teil seiner sonst friedvollen Geschichte, was anhand einiger Militärräder und Abbildungen gezeigt wird.
Das Fahrrad regte zu den tollsten und fantasievollsten Versuchen an. Doch einige auf den ersten Eindruck geniale Erfindungen, wie der österreichische Bambusrah-

men, bei dem Bambusrohre mit Metallmuffen verbunden wurden, waren nur bedingt für Kopfsteinpflaster geeignet, wenn jener auch sehr leicht war. Da war das aus schichtverleimtem Hickoryholz gefertigte Niederrad der Chicagoer Firma Tonk Manufacturing CO schon alltagstauglicher. Gabel, Streben, Felgen, Lenker, Kotflügel und Kettenschutz waren aus nordamerikanischem Walnussholz gefertigt. Es gab das „Old Hickory“ als Herren- oder auch Damenrad zu kaufen.
Andere Erfindungen waren aber auch zu gut! Das „Velorizontal“ des Franzosen Mochet aus dem Jahr 1935 war ein Liegerad, dessen Einsatz bei Radrennen verboten wurde, weil es mit einer windschlüpfrigen Teilverkleidung normale Bahnräder gnadenlos auf die hinteren Plätze verwies.
Der Radrennsport wird im Fahrradmuseum natürlich auch entsprechend gewürdigt, vom Tempomacher-Motorrad über die ersten Rennräder bis zu modernen Rennmaschinen wird kaum etwas ausgelassen. Trotzdem sammeln die Museumsmacher immer noch Radl, auch langsame, denn eine Sammlung wie in Bad Brückenau wird wohl nie vollständig sein.
Ein besonderes Highlight ist der originalgetreu rekonstruierte Fahrradladen aus den 30er-Jahren des vergangenen Jahrhunderts. Auch eine historische Werkstatt und ein vollständig eingerichteter Vereinsraum sind zu sehen. Im Museumsladen können Sie Ersatzteile, Literatur und Geschenkartikel rund ums Fahrrad erwerben. Wer Probleme mit Uromas Fahrrad hat, findet hier auch kompetente Fachberatung.
Man darf sogar Laufmaschinen, Tretautos und Dreiräder des 19. Jahrhunderts ausleihen, wenn man einen historischen Film drehen, ein Theaterstück aufführen oder ein Jubiläum feiern möchte. Oder wie wäre es mit einem historischen Tandem statt Hochzeitslimousine für das umweltbewusste Brautpaar?

Adresse:
Deutsches Fahrradmuseum
Heinrich-von-Bibra-Straße 24
97769 Bad Brückenau

Öffnungszeiten:
Di–Fr 9–12 und 14–17 Uhr, Sa, So und an Feiertagen 10–17 Uhr.

Anfahrt mit öffentlichen Verkehrsmitteln:
Vom Bahnhof in Jossa aus mit dem Bus Richtung Bad Brückenau bis zur Haltestelle „Bad Brückenau Kursaalgebäude“ (Fahrtzeit: 17 Min.).

Kuriositäten in der Nähe:
- Phonolithfelsen (Klangstein) bei Kothen

Religiöse Stare

Die größte Beo-Voliere in Bayern in Bad Königshofen-Ipthausen

Ipthausen ist ein winziger Stadtteil von Bad Königshofen im Grabfeld und keine Hochburg der Einwanderung. Kein einziger Bewohner hat einen türkischen Migrationshintergrund. Dennoch hat Ipthausen aus irgendeinem Grund den Spitznahmen „Kleine Türkei" erhalten.

Stop, wir korrigieren: Einige Ausländer gibt es. In Ipthausen hält man in einer in einem winzigen Park gelegenen Voliere am Ortsrand exotische Vögel. Die größte Attraktion sind die Beos. Diese zur Familie der Stare gehörenden Vögel sind Ipthausens Stars. Sie haben ein schimmerndes, tiefschwarzes Gefieder, grellgelb leuchtende Hautflecken an beiden Seiten des Gesichtes und einen ebenfalls knallgelben Schnabel. Ihre Heimat sind die Inseln Indonesiens, Indien und Sri Lanka.

Die ersten Beos in Ipthausen sprachen nicht Tamil, Indonesisch oder Hindi, sondern Türkisch. Sie konnten einige Suren des Korans auswendig und sagten sie den erstaunten Besuchern der Voliere vor. Diese Beos wurden eines Tages gestohlen. Sie waren über Nacht verschwunden und das aus einem Ort, der sonst wenig Kriminalität kennt. Die Polizei sollte die Entführung aufklären, aber die Tiere wurden nie wieder gefunden. Die Polizei erstellte einen Polizeibericht. Polizeiberichte werden automatisch an die Deutsche Presseagentur gesandt, die wiederum alle Nachrichten über Ticker in die Zeitungsredaktionen verschickt. Dort werden sie gemustert und – landen größtenteils im Müll. Die Meldung aus Ipthausen schaffte es aber wegen ihrer Kuriosität auf die Seite „Panorama" einiger Zeitungen, unter anderem nahm sich auch die größte in Deutschland vertriebene türkische Zeitung, Hürriet, der Geschichte an. Durch die Zeitungsmeldung wurde ein türkischer Diplomat darauf aufmerksam, dass es in Deutsch-

land einen Ort gibt, den man „Kleine Türkei" nennt. So erschienen eines Tages Vertreter der Türkischen Botschaft in Ipthausen, um sich nach den Türkisch sprechenden Beos zu erkundigen.
Der Ipthausener Künstler Peter Picciani begrüßte die hohen Gäste in seinem Hof-Atelier und es wäre auch fast zu einem Auftrag gekommen, den er hätte ausführen sollen: Zu Ehren der obskuren Situation wurde angedacht, dass er ein Relief des Gründers der heutigen Türkei, Attatürk, schnitzen könne, welches von da ab dann in der Dorfkneipe in Ipthausen hängen sollte. Es kam dann aber doch nie dazu. Die alten Beos blieben verschollen. In Ipthausen lebte niemand, der jungen Beos hätte Türkisch beibringen können – und jeder Versuch, Deutsch sprechenden Beos eine Fremdsprache beizubringen, scheiterte. Und so sitzen zwar wieder Beos in der Voliere, die aber mit fränkischem Akzent sprechen: „alte Sau", „wo ist die Mama?", „hallo Charly", „komm raus" und einiges mehr. Uns wurde gesagt, die „alte Sau" sprächen sie besonders deutlich. Wir konnten mit den Tieren bei unserem Besuch leider nicht kommunizieren. Sie hatten sich vermutlich aufgrund des heftigen Schneefalls in die innenliegenden Vogelgemächer zurückgezogen.
Warum sind deutsche Vogelfreunde so unkultiviert? Wenn schon keine Koransuren auf Türkisch, so hätte man den schwarzen Vögeln doch wenigstens einen Psalm oder einige Bachchoräle auf Deutsch beibringen können; immerhin lautet der offizielle Artname, den ihnen Carl von Linné 1758 gab, *Gracula religiosa!*

Adresse:
Dr. Jörg Fliegauf (Betreuer der Voliere)
Merklach 8
97631 Bad Königshofen-Ipthausen

Öffnungszeiten:
Die Voliere ist frei zugänglich.

Anfahrt mit öffentlichen Verkehrsmitteln:
Vom Bahnhof in Bad Neustadt (Saale) mit dem Bus 8304 Richtung Bad Königshofen-Tuchbleiche, dort umsteigen in den Bus 8008 nach Ipthausen (Fahrtzeit: mit Umstieg etwa 45 Min.).

Kuriositäten in der Nähe:
- Ritterromantischer Garten mit Minnesängerplatz in Hofheim
- 3000 Kaffeekannen im Museum von Ursula Rink in Saal an der Saale
- Wahrscheinlich höchstes Museum Frankens, das Turmmuseum Bad Königshofen

Mitbringsel

Orientsammlung im Museum des Klosters Banz in Bad Staffelstein

Reisemitbringsel sind doch etwas Herrliches! Seit wir angefangen haben, die „Schräge Heimat Bayern“ zu schreiben, hat sich allerlei angesammelt: Im Garten steht eine Pimpernuss, im Keller lagert Zirbenzapfenwein, im Regal stehen Zauberutensilien. Dennoch scheint es Menschen zu geben, die auf Reisen eine weit größere Sammelleidenschaft entwickeln als wir, so etwa Herzog Maximilian Joseph in Bayern, der Vater von Elisabeth, die besser als Sissi bekannt ist und die später an der Seite Kaiser Josefs I. zur Kaiserin wurde.

Als Sissi gerade mal einen Monat alt war, im Januar 1838, brach Herzog Maximilian zu einer mehrmonatigen Reise in den Orient auf. Mit nur sieben Begleitern, darunter ein Zitherspieler und ein Arzt, reiste er per Eilkutsche von München über den Brenner nach Venedig, nahm einen Dampfer über Korfu und Athen nach Kreta und erreichte einen Monat später Alexandria. Nach sechs Tagen auf einem Segelschiff auf dem Nil kam die Gruppe nach Kairo. Der bayerische Herzog besuchte den Sklavenmarkt, konnte das Feilschen nicht lassen und erwarb fünf elfjährige Sklaven, um sie als Reiseandenken mit nach Bayern zu nehmen. Die Bayern besichtigten die antiken Tempel, Gräber und Pyramiden – und der Herzog nahm immer mal wieder ein Stückchen mit. So sackte Max auch den rund 125 Kilogramm schweren Schlussstein aus der Vorderfront des Tempels von Dendur ein, der heute im Metropolitan Museum in New York steht und dem genau dieser Stein fehlte. Es kam zu jahrelangen zähen Verhandlungen um diesen in Banz gelagerten Steinbrocken.

Für den weiteren Weg brauchte Max dann schon Lasttiere. Mit einer Kamel-Kara-

Reliquien

Die Reliquien, die der Herzog aus Palästina mitbrachte, waren vermeintliche Überreste (lat.: reliquiae) aus dem Leben Jesu, die im Christentum verehrt wurden. Die Reliquienverehrung ist aber kein allein christliches Phänomen. Im Zahntempel in der Stadt Kandy in Sri Lanka wird gemäß der Überlieferung der linke Eckzahn des historischen Buddha Siddhartha Gautama hinter einem goldenen Schrein als Reliquie aufbewahrt und zieht Pilger an. Die sunnitischen Muslime verehren das Schwert Davids und den Stock Moses. Und wenn man es genau nimmt, dann müsste man auch die im georgischen Gori auf rotem Samt präsentierte Totenmaske Stalins als Berührungsreliquie durchgehen lassen.

wane erreichte er schließlich Palästina, ließ sich in Jerusalem zum Ritter vom Heiligen Grab schlagen und besuchte Bethlehem und Nazareth, wo er sich Reliquien wie Holzspäne der Krippe Jesu und Erde vom Ölberg aufschwatzen ließ. Diese Dinge wanderten nach der Rückkehr in die Unterwittelsbacher Schlosskapelle.
Die meisten Andenken aber ließ Max nach Banz bringen, wo sie heute als Orientalische Sammlung im Museum der Öffentlichkeit zugänglich sind. Zu den Attraktionen gehören sieben Früchte der Thebenpalme, Holzpuppen in indischer Tracht, eine Scheibe aus Wollsamt und ein Straußenei. Zu den hübschen Leichen der Sammlung muss man die auch nach ihrem Ausstopfen noch schönen exotischen Vögel zählen, etwa einen langschnäbeligen Kuhreiher, einen vielfarbigen Bienenfresser und einen Blauwangenspint. Weniger nett anzusehen sind die Mumie eines Falken und eines Affen, die Schädel einer Kindermumie und einer Männermumie sowie eine teilweise eingewickelte ganze Dörrleiche mit dunkler Haut, die die Mitte eines Raumes einnimmt und in einer Vitrine wie in einem Sarg aufgebahrt liegt. Das ausgestopfte Krokodil hat der Herzog selbst erlegt. Die kleinen, türkis leuchtenden Püppchen waren keine Geschenke für die kleine Sissi, sondern es handelt sich um Uschebti-Figuren, ägyptische Grabbeigaben.
In der Petrefaktensammlung im selben Gebäude des Klosters befindet sich der größte Fischsaurierschädel Europas. Der 2,10 Meter lange Schädel stammte von einem etwa 11 Meter langen delphinartigen Meeresreptil, einem Verwandten der etwas kleiner ausfallenden Eidechsen.

Adresse:
Museum Kloster Banz
Kloster-Banz-Straße
96231 Bad Staffelstein

Öffnungszeiten:
Von Dezember bis März für vorangemeldete Gruppen geöffnet (Frau Eichner, E-Mail: eichner@hss.de); März und November 10–16 Uhr, April bis Oktober 10–17 Uhr; montags geschlossen (außer Oster- und Pfingstmontag).

Anfahrt mit öffentlichen Verkehrsmitteln:
Ab Nürnberg mit dem RE 4114 Richtung Coburg bis Bad Staffelstein (Fahrtzeit: 70 Min.), vom dortigen Bahnhof zu Fuß über Rothof 2 km.

Kuriositäten in der Nähe:
- Fischbruthaus in Schammendorf
- Kursangebot für selbst gefertigte Metallweihnachtsbäume bei Limmer in Burgkunstadt
- Musikinstrumentensammlung zum Ausprobieren bei „zom Välta“ in Appendorf

Missionarischer Sammeleifer

Vertrocknete Lamaföten im Missionsmuseum in Bamberg

Von außen wirkt das Museumsgebäude sehr modern. Betonreliefs zeigen Dschungel-Motive. Der Türgriff hat die Form eines Kontinents. Erkennen Sie ihn? Hinter der Tür liegt eine exotische Welt.
Das Missionsmuseum in Bug wirbt auf seiner Homepage damit, es sei „ein Museum, das trotz seiner Vielfalt klein genug ist, um überschaubar zu bleiben." Das stimmt. Dennoch ist es nützlich, sich von Bruder Arnold führen zu lassen. Er erklärt freundlich und geduldig, was es mit den teilweise chaotisch angeordneten Exponaten auf sich hat. Einige hat er selbst von seinen Missionsaufenthalten mitgebracht, etwa die getrockneten Lamaföten. Sie wurden früher von den Bolivianern der Mutter Erde geopfert, verbrannt oder in das Fundament eines neuen Hauses eingemauert. Heute sind es hauptsächlich die Touristen, die in La Paz rund um die Calle Santa Cruz die ungeborenen Lamas nachfragen. Im Museum befindet sich ein weißes, mumifiziertes, kleines Lama gemeinsam in einer Vitrine mit antiken Töpferwaren und Aschenbechern, ein weiteres in einem Schrank mit Skorpionen.
In Gläsern mit trüb gewordener Flüssigkeit liegen halb zerfallene, weiße Schlangen und Engerlinge. In einer indischen Schnapsflasche dümpelt ein ausgebleichter Skorpion vor sich hin, in seiner Nachbarschaft ein gespenstisch aussehender, sich auflösender Axolotl. In einem Urwalddiorama liegt ein präparierter Tigerkopf mit Fell und schwarzer Filzbordüre. Darüber schwebt eine leicht angestaubte, präparierte Fledermaus mit Löchern in den Flügeln. Auf dem Leder eines Krokodils liegt neben einer Kröte eine Harfe.
Bruder Arnold erklärt, der Schrumpfkopf sei bei den Besuchern das beliebteste Ausstellungsstück. Das gelbe Seidenkleid, das die Brüder ihm umgehängt haben, steht ihm gut und er sieht zufrieden aus. Die Missionare haben ihn natürlich nicht selbst gejagt. Er ist eine Leihgabe von Professor Dr. Dr. Pfeil, der die Trophäe der Jivaro-Indianer vom nördlichen Amazonas dem Museum überlassen hat.
In Deutschland muss man als Zeichen des Erwachsenseins ein Auto haben, bei den Jivaro in Ecuador war es ein Schrumpfkopf, der zeigte, dass jemand jetzt groß genug geworden ist, um selbstverantwortlich zu handeln. Ursprünglich stand nicht die Freude am Mord hinter den kleinen, glänzenden, dunklen Bällen aus menschlicher Kopfhaut, sondern der Glaube, dass im Kopf des Feindes, den man bei einer Fehde tötete, Seelenkräfte stecken, die der Sieger nutzbar machen kann.

Der Schwerpunkt der Ausstellung liegt auf Indien: Wunderschöne Sitars, kunstvolle Schnitzereien aus Elfenbein und Intarsienarbeiten zeigen, dass die Missionsbrüder des heiligen Franziskus einen Blick für gute Handwerksarbeit haben. Es handelt sich um einen Laienorden. Die Brüder sind keine studierten Theologen, sondern Handwerker, die im Ausland in ländlichen Gegenden junge Leute ausbilden. Der Orden wurde 1900 in Indien gegründet. Erst 1932 eröffnete in Deutschland die erste Filiale der Bruderschaft. Heute zählt die missionarische Gemeinschaft etwa 365 Mitglieder in 80 Fraternitäten (brüderliche Hausgemeinschaften) und arbeitet in 50 Diözesen in 8 Ländern.

Am Ausgang des Gebäudes steht eine historische Sammelbüchse. Das Geld fällt in einen ausgehöhlten Elefantenfuß, dessen Zehennägel die Größe von Kinderhänden haben. Auf ihr sitzt ein geschnitzter Mann mit dunkler Hautfarbe, der ein weißes Hemd trägt. Auf dem Schoß hält er einen geflochtenen Korb. Obwohl das Museum kostenlos zu besichtigen ist, freuen sich die Brüder über eine Spende, die ihren sozialen Projekten zugute kommt, etwa dem Kinderschutzhaus im indischen Bangalore oder hygienischeren Häusern mit fließendem Wasser für Familien in den Slums von Coronel Oviedo in Paraguay.

Adresse:
Missionsbrüder des heiligen Franziskus
Bruder Arnold
Missionshaus Bug
Schlossstraße 30
96049 Bamberg

Öffnungszeiten:
An Sonn- und Feiertagen 14–17 Uhr (Karfreitag, Hl. Abend und Silvester geschlossen).
Gruppenführungen nach Vereinbarung.

Anfahrt mit öffentlichen Verkehrsmitteln:
Vom Bahnhof Bamberg aus zuerst mit dem Bus 989 Richtung Walsdorf, umsteigen am Laurenziplatz und weiter mit dem Bus 918 Richtung Bug Campingplatz bis zur Haltestelle „Schlossstraße".

Kuriositäten in der Nähe:
- Monsterbaggerfreizeitpark in Markt Rattelsdorf
- Denkmal für den Erfinder des Wiener Würstchens in Gasseldorf

Schwarz auf Weiß

Deutsches Schreibmaschinenmuseum in Bayreuth

Eine erste Erklärung für unsere jüngeren Leser: In folgendem Text geht es um Schreibmaschinen. Schreibmaschinen sind Geräte, mit deren Hilfe Buchstaben meist mittels halbkreisförmig nebeneinander angeordneten Typenhebeln (Lettern) durch ein Farbband auf Papier gedruckt werden, das auf einer Förderwalze liegt. Diese Geräte, die von Hand betrieben wurden, sind durch die Erfindung des Computers ausgestorben. Es gibt weltweit keinen Hersteller mehr für diese klappernden Apparate. Sie standen aber einst in jedem Büro – und da sie mindestens so gebräuchlich und wichtig waren wie Telefone oder Kaffeemaschinen, haben viele Erfinder ihre Köpfe rauchen lassen, um sie haltbarer, das Schriftbild klarer zu machen und das Schreiben mit ihnen zu beschleunigen und zu vereinfachen.

In Bayreuth ist die ganze Geschichte der Schreibmaschine mit rund 250 Exponaten anschaulich aufbereitet. Es befinden sich neben den Maschinen, die jeder über 40 Jahre alte Erdenbürger kennt, aber auch ungewöhnliche Dinge im Museum, durch das Hans Gebhardt, der Museumsleiter, sehr fachmännisch führt. Da ist die beeindruckende Schreibmaschine „Nippon" von 1925. Sie ruht in einem dunklen Rahmen mit schwungvollen Verzierungen. Ihre Bedienung erfordert ein gutes Gedächtnis. Wer einen japanischen Text schreiben will, sucht mit einem senkrecht und waagrecht verschiebbaren Knopf eine der 2300 Bleilettern, die in winzigen Kästchen liegen, aus. Der Messing-Knopf ist mit einem Hebelarm verbunden. Wenn man ihn drückt, wird die einzelne, schwarze Type heraufgehoben, eingefärbt, auf das Blatt gepresst und fällt dann wieder in das korrekte Fächlein zurück. Leider konnten es einige Museumsbesucher nicht lassen, einige der winzigen Metallklötzchen zu entwenden. Das Typenbrett weist daher Lücken auf. Der Besucher fragt sich, ob das Schreiben mit dieser Maschine nicht endlos lange dauerte. Nun ja, für Geübte nicht, denn jedes Zeichen ersetzt ein ganzes Wort – und so kam eine Sekretärin schon recht zügig im Text voran, wobei in Japan bis zur Einführung des Computers Privatpersonen nur von Hand geschrieben haben.

Im Museum steht auch ein moderneres Modell „Panwriter" in peppigem Rot von 1975. Man sucht hier nicht mehr die Type selbst, sondern hat eine große, helle Platte mit Zeichen in Reihen, einige rosa, lila und blau hinterlegt für mehr Übersichtlichkeit. Es sind neben den dem Chinesischen sehr ähnlichen Kanji-Zeichen auch die Silbenschrift Hiragana und unsere Buchstaben mit dabei. Auf ein paar Zeichen mehr oder weniger kommt es da nun auch nicht an. Die Zeichen reichen für amtliche Texte und auch viele Zeitungen beschränken sich auf eine Liste von heute 2136 Zeichen, die jeder in der Schule unbedingt lernen muss und die das Bildungsministerium als „im Alltag gebräuchliche Schriftzeichen" festgelegt hat. Die Typen befinden sich bei diesem neueren Modell im Inneren der sehr eckigen Maschine, die nur ein Jahr lang dem neuesten Stand der Technik entsprach, 1976 wurde das Schreiben japanischer Schriftzeichen auf dem Computer möglich.
Eine andere faszinierende Maschine ist die schwarze „Melotyp". Die Notenschreibmaschine wurde von Carl Winterling in Frankfurt erfunden. Sie gewann den ersten Preis bei der Weltausstellung in Paris. Eine Erfolg versprechende Sensation! Aber es wurden nur zehn Maschinen gefertigt, wovon 1938 fünf in die USA exportiert wurden. Im Krieg waren Kanonen wohl wichtiger als Lieder. Die Firma musste die Produktion einstellen – und nach dem Zweiten Weltkrieg lief sie nicht wieder an.
Doch auch die erste Schreibmaschine ist im Museum zu sehen. Der Nachbau von Peter Mitterhofers Erfindung, einer Schreibmaschine aus Holz. Sie wies schon die wichtigsten Merkmale einer modernen Schreibmaschine auf, die Schrift wurde allerdings mit Lettern aus Stecknadelspitzen auf dem Papier sichtbar gemacht.

Adresse:
Deutsches Schreibmaschinenmuseum
Forschungs- und Ausbildungsstätte für Kurzschrift und Textverarbeitung in Bayreuth e.V.
Bernecker Straße 11 (Eingang Inselstraße)
95448 Bayreuth

Öffnungszeiten:
Mo–Fr nach telefonischer Vereinbarung (Tel. 09 21/2 34 45 oder 09 21/3 18 79).

Anfahrt mit öffentlichen Verkehrsmitteln:
Vom Bayreuther Hauptbahnhof mit dem Stadtbus 321 Richtung Friedrichsthal bis zur Haltestelle „Karlsbader Straße" (Fahrtzeit: 8 Min.).

Kuriositäten in der Nähe:
- Grab einer an Stecknadeln gestorbenen Braut in Bayreuth
- Aufseß, der Ort mit den meisten Brauereien
- Känguruzucht in Pottenstein

Vielfaltspinsel

Rinderohrhaare im Pinsel- und Bürstenmuseum in Bechhofen an der Heide

In Bechhofen werden seit 1794 Pinsel und Bürsten hergestellt. Die Erfinder all der ausgestellten Produktionsgeräte und Pinselarten waren alles andere als Einfaltspinsel. Seit 1995 ist die Geschichte der Pinsel- und Bürstenherstellung in einem von der Kunsthistorikerin Silvia Pertschi mitkonzipierten Museum für Besucher nachvollziehbar dargestellt. Auch Hexen haben zur Ausstellung Zutritt. An der Decke ist extra ein Hexenparkplatz ausgewiesen.

Zuerst lernt der Besucher sogenannte Besteckungsmaterialien kennen, also den Ursprung der Haare und Borsten, die verwendet werden. An der Wand stehen präparierte Tiere, deren Haare der Pinselherstellung dienen, zum Beispiel das Eichhörnchen. Seine Schweifhaare sind schwer zu bekommen, denn die Tiere stehen unter Artenschutz und selbst ein überfahrenes oder natürlich verendetes Tier darf man nicht so einfach mitnehmen und daraus Malerwerkzeuge machen. In Deutschland verbieten oft merkwürdige Gesetze die Verwendung von Tierbehaarung. Es ist nicht verboten, Rindfleisch zu essen und aus der Haut Rindsleder zu machen. Aus den Haaren der Rinderohren aber Pinsel zu binden – das geht zu weit, denn Rinderohrhaare gelten als Schlachtabfall und müssen nach den Abfallrichtlinien für Schlachthöfe entsorgt werden. Dabei sind die Rinderohrhärchen sehr hübsch. Es gibt sie in mehreren Farben. Im Museum lernen wir: Alpine Rinderohren haben zum Schnee passend weiße Härchen, Rinderohrenhaare des Balkans sind braun. Südeuropäische Rinderohrenhaare schimmern schwarz.

Während Rinderohren offiziell Abfall sind, sind andere Pinselhaare Gold wert. Besonders kostbar sind die Haare des Feuerwiesels, aus denen die teuren Rotmarderpinsel hergestellt werden. Für ein Kilo Marderhaar bezahlt man um die 3000 Euro.

Wie behandle ich meine Pinsel richtig?

Vielleicht kaufen Sie ja in Bechhofen einen Pinsel. Dann sollten Sie ihn, um lange Freude zu haben, nie ungereinigt eintrocknen lassen und beim Auswaschen auch an die Farbreste am Zwingenrand denken. Am besten walken Sie den Pinselkopf beim Ausreiben gut durch, damit sich alle Rückstände lösen. Lassen Sie die Pinsel nie im Wasserglas stehen! Vor dem Trocknen sollte der gereinigte Pinsel wieder in Form gebracht werden. Den frisch gereinigten Pinsel sollte man nicht auf seine Borsten stellen. Pinsel sind also liegend oder hängend aufzubewahren.

Die für Pinsel verwendeten Ponyhaare stammen aus Südamerika und die Hundeschweifhaare werden aus China importiert. Doch nicht alle Borsten und Haare stammen aus dem Fell von Tieren. In Bechhofen befindet sich auch der Kieferknochen eines Bartenwals. Es sind die als Barten bezeichneten Fäden im Maul des Tieres, mit denen der Wal Nahrung aus dem Wasser des Ozeans filtert und aus denen man früher auch Pinsel herstellte.

Borstenpinsel werden in der Regel aus Schweineborsten gemacht. Sie müssen gekocht werden, damit sie weich werden. In Bechhofen stehen deshalb auch Kochdosen für Schweineborsten. Nach dem Backen stellte der Bäcker sie in seinen Ofen, bis sie gar waren.

Wenn Sie mehr über die Herstellung und Verwendung von Pinseln wissen möchten, sind sie im Pinsel- und Bürstenmuseum richtig, denn hier wird nicht nur einiges sehr gut erklärt. Hier wird alles erklärt! So kommt es einem zumindest vor. Im Museum lernt man wirklich ulkig-kuriose Bürsten und Besen kennen: eine Zahnbürste, deren Stil aus Knochen gefertigt wurde, eine Kleiderbürste mit Spieluhr, Bürsten aus der Kriegszeit, hergestellt aus Schilf, und ein Abstauber aus dem Haar von Stinktieren. Es gibt Bürsten für Autowaschanlagen zu sehen, solche für Straßenkehrer und eine Zitzengummibürste für Melkmaschinen.

Und wenn Sie nun sicher sind, dass Sie Ihr Leben aufpolieren oder gegen den Strich bürsten wollen: In Bechhofen befindet sich die einzige Berufsfachschule für das Pinselmacher- und Bürstenbinderhandwerk in Deutschland!

Adresse:
Deutsches Pinsel- und Bürstenmuseum
Dinkelsbühler Straße 23
91572 Bechhofen a. d. Heide

Öffnungszeiten:
1. April bis 31. Oktober Mi und Sa 14–17 Uhr, So und an Feiertagen 13.30–17 Uhr. Sonderöffnungen sind jederzeit und ganzjährig nach telefonischer Absprache möglich (Tel. 09822/10829, Fax: 09822/6050395, E-Mail: info@pinselmuseum-bechhofen.de).

Anfahrt mit öffentlichen Verkehrsmitteln:
Vom Ansbacher Bahnhof mit dem Bus VGN 802 Richtung Königshofen an der Heide bis Bechhofen, Haltestelle „Marktplatz“ (Fahrtzeit: 23 Min.).

Kuriositäten in der Nähe:
- Süddeutschlands größter Rhododendrenpark am Schloss Dennenlohe bei Unterschwaningen
- Bienengarten mit Figurenbeuten auf dem Kussenhof bei Lentersheim

In die Augen – in den Sinn!

Eisenskulpturengarten in Berg-Eisenbühl

Auf dem Weg vom Dorf zum eisernen Park kann man schon einen Blick in den Garten des Künstlers Prof. Dr. Claus-Frenz Claussen werfen. Zwei Gespenster mit großem, kindlich wirkendem Kopf schauen über den Gartenzaun. Beide haben eine abgebissene, vorgestreckte Zunge und ihre Augen sind teilweise bedeckt. Eines der Gespensterchen hat Klappen hinter den Sehöffnungen. Das andere hat seine sternförmigen Augenlider fast geschlossen. Hat das einen *Sinn*? Um die Figuren zu deuten, muss man sich be*sinn*en, dass der eigen*sinn*ige Künstler nicht nur riesige Eisenplatten zersägt, sondern als Medizinprofessor die Kopf*sinn*e des Menschen erforschte: den Gleichgewichts*sinn*, den Hör*sinn*, den Seh*sinn* und den Geschmacks*sinn*. Auch seine Kunst beschäftigt sich damit, wie und ob wir die Welt mit unseren *Sinnen* wahrnehmen können. Wissenschaft und Kunst seien, so der Skulptor, zwei Wege, der Wahrheit zu begegnen, die für den Menschen nicht voll erkennbar sei.

Ein Kunstwerk trägt den Titel „menschlicher Sensoriktunnel". Es besteht aus einem Rechteck aus Metall, auf dem kleine, eiserne Zwergschnauzer Gassi gehen. Darüber ist auf Stangen ein etwa zweieinhalb Meter langer Zylinder aus Stahlringen befestigt, der wie ein Fernrohr gegen den Himmel gerichtet ist. In ihm sind kleine, den Kopf gebeugt haltende Männchen unterwegs. Sie scheinen aus dem Tunnel zu wollen. Keiner jedoch hat dessen Ende erreicht. Die kleinen Männchen, das sind wir. Wir müssen uns auf unsere Augen, Nasen und Ohren verlassen. Wir können die

Eisenbühl, der Zweite

Verfahren Sie sich nicht auf dem Weg nach Eisenbühl. Neben dem Ortsteil von Berg gibt es noch einen zweiten Eisenbühl in Bayern. In der Oberpfalz, nahe dem Städtchen Neualbenreuth, befindet sich ein kleiner, aber mit 300 000 Jahren sehr junger Vulkan mit diesem Namen. Dort, an der deutsch-tschechischen Grenze, bebt häufig die Erde. In der Nähe von Franzensbad auf der tschechischen Seite gibt es gar brodelnde Sümpfe und Gasaustrittslöcher. Der Vulkan ist also ziemlich aktiv. Ob er je wieder ausbrechen wird, ist noch nicht abzusehen.

Welt nur durch sie erfassen, aber nicht beurteilen, ob unser Bild der Welt realistisch ist. Wir haben alle einen Tunnelblick und nehmen nicht wahr, was unsere Sinneszellen nicht erfassen können.

Nicht alle Kunstwerke sind solch neurologische Ver*sinn*bildlichungen. Die meisten sind einfach bunt, verrückt, fantasievoll. Manche haben dort ein Loch, wo Menschen einen Popo haben. Man kann dort durch sie hindurch sehen. Sie geben Raum für wahn*sinnig* lustige Deutungen und Spekulationen. Was zum Beispiel ist mit der Kuh in knalligem Türkis gemeint, die aus Dreiecken wie in einem Tangramspiel zusammengesetzt ist und an deren Hinterteil sich ein Kreuz erhebt? Sie steht auf einer halbkreisförmigen Scheibe, in die menschliche Figuren und Sternchen gestanzt sind. Diese wiederum ist auf einen eisernen Baum mit dürren Ästchen geschweißt. Es wäre ein schlechtes An*sinn*en, wollte man behaupten, einen eindeutigen *Sinn* finden zu können.

Herrlich knallig und durchgeknallt ist auch die hinter*sinn*ige Figurengruppe „Gundolf der Meister und seine drei Geister“ und der „Wissenschaftler Hilbert mit seinem Fund“, dessen Tulpenkopf dunkelviolett angelaufen ist, während er ein knallgelbes Objekt studiert und sich mit seinen muskellosen Ärmchen am Kopf kratzt. Vielleicht will der Neuroontologe vermeiden, genau zu so einem Kopffüßler zu werden, in dem er seinen Körper durch die Verarbeitung tonnenschwerer Bleche stählt.

Unserer Kuriositäten-Spürhündin Emma hatte es der riesige metallene Zwergschnauzer mit dem bombastischen Namen „Zeus Taurus Europäus“ angetan. Hätte sie den Titel der Skulptur gekannt, hätte sie ihr sicher mehr Achtung erwiesen. Leider fehlen an den Skulpturen Beschriftungen.

Adresse:
Prof. Dr. Claus-Frenz Claussen
Skulpturenpark »Eisenbildner von Eisenbühl«
Zur Schieferleite 16
95180 Berg-Eisenbühl

Öffnungszeiten:
Der Park ist rund um die Uhr frei zugänglich.

Anfahrt mit öffentlichen Verkehrsmitteln:
Ab dem Hauptbahnhof in Hof mit dem Bus 6342 Richtung Berg nach Eisenbühl (Fahrtzeit: 30 Min.).

Kuriositäten in der Nähe:
- Gemeinsam genutzter Dorfgarten statt Dorfplatz in Steinbach an der Haide

Da freut sich die Koralle

Die Korallenzucht in Coburg

Korallen sind ideale Haustiere. Sie bellen nicht, beißen nicht den Postboten, haben keine Mauser, bei der man Federn in der Suppe findet, und pinkeln nicht auf Omas Lieblingssessel. Korallen sind leise, emotional stabil, friedliebend und zaubern ins Wohnzimmer eine entspannte Südseeatmosphäre. Man muss nicht einmal im Neoprenanzug zu ihnen abtauchen, um welche zu sammeln, sondern es gibt sie im gutsortierten Korallenhandel. Das Pflücken wäre nach dem Artenschutzabkommen auch nicht mehr erlaubt.

Das Einkaufsparadies für Kolonien bildende Nesseltiere liegt in einer Wohn- und Geschäftsanlage aus Beton neben einer Tiefgarage in Coburg. Mit etwas Fantasie erinnert sie an einen modernen, südlichen Hotelkomplex. Man folgt einer gefliesten Arkade und kommt an eine unscheinbare Glastüre. Es ist der Eingang in die Welt tropischer Meere. In großen Wasserbecken leben Riffgemeinschaften aus Fischen, Muscheln, Röhren-, Stein- und Weichkorallen. Von der Decke hängen starke Lampen. Natürlich gibt es auch die aus dem Film „Findet Nemo“ bekannten Clownfische, die mit Seeanemonen eng zusammenleben und ihr Geschlecht ändern können, falls in einer Anemone ein Weibchen fehlt. Die Anemonen, die kein Skelett haben und nur aus Muskeln bestehen, mit denen sie sich im Zeitlupentempo vorwärtsbewegen können, erinnern in ihrer Form an Maulwurfsköpfe. Sie leuchten lachsfarben. Die Krustenanemonen sehen aus wie kleine, gelbe Blümchen mit flirrenden Blütenblättchen. Eine riesengroße lilafleischige Muschel öffnet sich dem vorbeistreichenden, warmen Wasser. Die Blasenanemonen recken knochenlose, orange Finger ins Wasser. Viele Steinanemonen erinnern an bunte Schwämme oder

Staubwedel oder an kahle Bäume im Winter. Sie verzweigen sich nach außen wie Pflanzen. Bei manchen kann man sehen, dass die lebenden Teile des Tieres auf einem schon abgestorbenen Skelett sitzen. Diese Kalkskelette sind die Grundlage der Riffe und Atolle im Pazifik.
Die Kunden der Korallenzucht lieben es bunt – deswegen werden hauptsächlich stark farbige Arten angeboten. Die Farben aber sind an sich nicht Sache der Koralle. Sie kommen von den verschiedenen Algen, die die Koralle in sich leben lässt und die wiederum auf die Koralle angewiesen sind.
Manche Korallen sind selbst vermehrt, die meisten jedoch kommen aus Korallenzuchten direkt im Meer von Bali, wo Sonne und Wärme kostenlos sind. Allerdings sind es alles Nachzuchten, keine Wildfänge und alle sind bayerntauglich. Es werden in Coburg keine Korallen verkauft, die zwar hübsch sind, aber die Gefangenschaft nicht überleben. Das ist nach Angaben der Inhaber leider nicht für alle Korallenverkäufer selbstverständlich. Allerdings muss man auch für verhältnismäßig robuste Tierchen hierzulande tropische Verhältnisse schaffen. Es gibt Strömungspumpen, Abschäumer und die Korallen erhalten regelmäßig Jod, Eisen und was ihnen sonst so schmeckt. Von Kleinbecken hält der Inhaber der Zucht, Thomas Pohl, nichts, denn man könne da kaum die Salzkonzentration konstant halten. Allerdings kann man auch im kleineren Rahmen Korallen halten. Gerade Arztpraxen stellen die Tiere gerne im Wartezimmer aus. Dafür allerdings empfehlen die Korallenexperten weniger lichthungrige Arten.

Adresse:
Korallenzucht
Thomas Pohl
Ketschendorfer Straße 88
96450 Coburg

Öffnungszeiten:
Mo–Fr 8–18 Uhr, Sa 10–13 Uhr.

Anfahrt mit öffentlichen Verkehrsmitteln:
Ab dem Hauptbahnhof in Coburg mit dem Regionalbus 8306 Richtung Fürth am Berg bis zur Haltestelle „Klinikum“ (Fahrtzeit: 6 Min.).

Kuriositäten in der Nähe:
- Fledermausbeobachtungsstation mit Live-Übertragung im Wildpark Tambach
- WC der Queen Victoria in der Ehrenburg in Coburg
- Produktion von Nachtgartenzwergen und Plastikhundekot bei der Firma Rasko in Neustadt bei Coburg

Wo Passanten auf Mohrenköpfe treten

Kanaldeckel mit dem Wappen der Stadt in Coburg

In Coburg wunderten wir uns, als wir beim Stadtbummel statt in die Schaufenster mal auf den Boden schauten. Auf den Kanaldeckeln prangt das Profil eines Schwarzen mit großem Ohrring und kleinen Löckchen, einem Mohren wie aus dem Märchenbuch. Verblüfft wandten wir uns ans Rathaus. Und dort ist man auf die Frage nach dem Portrait schon so gut eingestellt, dass man einen Flyer in Englisch und Deutsch mit dem Titel „Vom Heiligen zum Bratwurstmännle“ bereithält.
Die auf dem Kanaldeckel, auf den Nummernschildern der Autos und dem Briefkopf der Stadt abgebildete Person ist ein Afrikaner, der heilige Mauritius. Allerdings hatte der historische Mauritius sicher keine schwarze Haut und wohl auch keine krausen Haare, denn er stammte aus Nordafrika, aus Ägypten, und war ein General der römischen Truppen. Er befehligte der Überlieferung zufolge eine Einheit von 6600 Mann und wurde zum Christentum bekehrt, wobei ihm die ganze Truppe ge-

Schutzpatrone

Dass Heilige verschiedene Klientengruppen haben, liegt in der Gesellschaftsstruktur des Mittelalters begründet, der Zeit, als sich die Heiligenverehrung entwickelte. Im frühen Mittelalter gab es keinen Staat, der den Einzelnen schützte. Diese Aufgabe kam vielmehr der Familie – in einem sehr viel weiter gefassten Sinne als heute – zu, die aber auch das Leben jedes Mitglieds mitbestimmte. Die Familienmitglieder waren füreinander in hohem Maße verantwortlich. Auch Menschen, die in einem Gebiet miteinander in enger Verbindung standen, wie z. B. Bruderschaften, hatten die Funktion einer Familie.
Wurde nun eine verstorbene Person wegen ihrer Selbstaufopferung, ihrer heilenden Kräfte oder ihres vorbildlichen Lebens heilig gesprochen, so glaubte man, der oder die Heilige sei näher bei Gott und könne dort für die Menschen auf der Erde Gutes erbitten. So unterstellten sich Kirchengemeinden oder ganze Landstriche dem Patronat eines dort geborenen oder begrabenen Heiligen. Er wurde gewissermaßen zum Oberhaupt ihrer Familien, dem Patron. Auch heute gibt es noch solche regionalen Patronate, beispielsweise ist der heilige Radolf der Stadtpatron von Radolfzell am Bodensee.

folgt sein soll. Vor dem Krieg gegen die aufmüpfigen Gallier – dass sie nicht so leicht zu beherrschen waren, wissen Asterix-Leser schon – sollte Mauritius auf kaiserlichen Befehl mit seinen Soldaten bei einem Feldgottesdienst auf dem Gebiet der heutigen Schweiz die römischen Götter anbeten und eine Kaiserstatue verehren. Mit dem Kaiserstandbild hätte er keine Probleme gehabt, aber das Gebet zu den ihm inzwischen heidnisch vorkommenden Göttern lehnte er ab und floh mit den ihm treuen Soldaten an den Genfer See. Man hielt das für Verrat und Majestätsbeleidigung. Nicht ganz klar ist, ob Mauritius als Befehlshaber alleine enthauptet wurde oder ob die ganze Einheit den Tod fand.
Es ist nicht unlogisch, dass gerade Mauritius nach dem Abzug der Römer aus den Gebieten nördlich der Alpen von der christianisierten Bevölkerung verehrt wurde. 380 schon wurde die erste Basilika für den Heiligen errichtet. Die sterblichen Überreste wurden, wie im Mittelalter üblich, vererbt, eingetauscht und überführt. Otto erhob Mauritius zum Schutzpatron des gesamten Kaiserreiches. Die Reliquien waren mal in Magdeburg, dann in Halle, in Mainz, in Aschaffenburg und gingen im 17. Jahrhundert verloren. Der obere Teil des Schädels war nach 1218 wohl einige Zeit in Coburg aufbewahrt. 1380 taucht zum ersten Mal ein Mohrenkopf auf einer Coburger Pfennigmünze auf. Von 1521 stammt der älteste erhaltene Siegelabdruck mit dem Portrait des Afrikaners.
Warum aber sieht Sankt Mauritius negroid aus? Das geht auf die älteste Darstellung des Heiligen auf einem mittelalterlichen Standbild in Magdeburg zurück. Der dortige Künstler hatte vermutlich nie Kontakt zu Ägyptern gehabt und ging davon aus, dass alle Afrikaner schwarz sind. Die Statue in der Rückertstraße bildet ihn sogar muskulös und fast nackt mit einem umgebundenen, exotischen Blätterröckchen um die Lende ab.

Adresse:
Tourismus- und Kongressservice
Herrngasse 4
96450 Coburg

Öffnungszeiten:
Die Kanaldeckel findet man überall in der Stadtmitte. Die interessanteste Mauritiusstatue der Stadt steht in der Rückertstraße an der Ecke zur Steingasse. Sie kann jederzeit besichtigt werden.

Anfahrt mit öffentlichen Verkehrsmitteln:
Zur Statue in der Rückertstraße gelangt man vom Coburger Bahnhof mit dem Bus 8301 Richtung Coburg Hindenburgstraße/Post bis zur Endhaltestelle „Post“ (Fahrzeit: 5 Min.).

Gut gerüstet

Rüstungsschmiede Schneider in Dettelbach-Euerfeld

Sind auch Sie ein Ritter mit Problemfigur? Die Rüstungen von der Stange haben Hochwasser? Sie platzen aus dem Kettenhemd? Dann hat die Rüstungsschmiede in einer Einliegerwohnung am Ortsrand von Euerfeld die Lösung für Sie. Sie ist der einzige Betrieb für maßgedengelte Rüstungen in Deutschland. Hier bekommen Sie die neueste Blechfashion auf den Leib geschmiedet.

Der Vater des Inhabers holte sich 1962 aus Jux und Dollerei vom Schrottplatz ausgediente Karosserieteile, kratzte den Lack ab und bastelte daraus eine Art Rüstung. Der Helm bestand etwa aus der Fassung eines VW-Bus-Scheinwerfers. Die ganze Rüstung erinnerte weniger an mittelalterliche Helden als an Roboter. Dennoch war der im gleichen Haus lebende Antiquitätenhändler begeistert und gab weitere Körperpanzer in Auftrag.

Bald gründete der Bastler eine Firma und konnte zu seiner eigenen Überraschung von dem Herstellen von Rüstungen leben. 1978 bestellte das ZDF alleine 100 Rüstungen für den Fernsehfilm „Wallenstein“. Heinz Schneider entwickelte immer mehr Geschick und arbeitete immer detailgetreuer Rüstungen des 13. bis 16. Jahrhunderts nach. Rittermode mit Blechschaden wurde aus Museen zum Restaurieren in die Schmiede gebracht – und Herr Schneider kopierte sich die Schnittmuster, die sich beliebig verbreitern und verlängern ließen. Die Originale sind meist nur für Ritter bis 1,70 Meter geeignet. In der Werkstatt hängen die Schablonen.

Wertvolle Rüstung

Eine richtige Rüstung aus Panzerplatten war zur Zeit der Rittersleut eine Besonderheit und sehr teuer. Meist begnügte man sich aus Kostengründen mir ledernem, gepolstertem Rüstzeug. Schon ein Kettenhemd und ein richtiger Helm waren wertvoll und überhaupt nicht selbstverständlich. Wollte ein Kriegsherr eine ganze Armee oder einzelne Truppenteile mit durchschnittlichen Rüstungsteilen ausstatten, kostete dies Unsummen, weswegen sich einfache Soldaten meist mit simpler Wehrtechnik begnügen mussten. Ein durchschnittlicher Plattenpanzer für einen Ritter kostete einige Jahresgehälter eines Handwerkers, für Rüstung und Waffen wurden oft sogar hohe Schulden gemacht. Ein Adeliger trug seine Rüstung nicht nur als Schutz in der Schlacht oder beim Turnier, sondern manchmal auch als Statussymbol.

Heute führt die Firma originalgetreue Beckenhauben, Sturmhauben, Birnenhauben, Steckhelme, Topfhelme und Visierhelme. Im Katalog sind aber auch Pferdeharnische, Schilde und Keuschheitsgürtel zu finden. Das sind abschließbare Mittelaltertangas aus Metall, mit denen die Ritter ihre Damen zur Treue zwingen wollten.
Anfangs wurden auch Rüstungen für Schaufensterdekorationen hergestellt, doch lohnt sich das nicht mehr. Importe sind billiger. Massengefertigte Rüstungen prêt-à-porter bekommt man heute wie Sweatshirts aus Indien. Heinz Schneider stellt nebenberuflich nur noch originalgetreue Repliken musealer Rüstungen und Ritterbedarf nach Maß her. Kunden sind Theater und Museen. Es gibt aber auch Rollenspieler, die sich eine der 15–20 Kilogramm schweren Kleidungsstücke bauen lassen und sie regelmäßig mit Maschinenöl pflegen, damit die Scharniere nicht verknarzen. Vor Korrosion müssen die modernen Freizeitritter keine Angst haben. Sie dürfen mit der Rüstung auch mal im Regen stehen oder unter den Achseln schwitzen, ohne Rostlöcher fürchten zu müssen. Wer nicht genau weiß, ob so eine Blechrüstung seinem Teint schmeichelt, kann auch erst einmal eine gegen Gebühr leihen.
Verziert werden die Rüstungen mit Ätzungen. Die Muster werden mit Säure ins Blech gegraben. Hier bedient sich der Rüstungsschmied neuer Technik, statt die Rüstung wie in der Zeit der Renaissance im Jauchebad zu behandeln.
Wer eine Rüstung erwirbt, sollte auf gute Durchlüftung achten. Viele alte Rittersleut sollen an Kreislaufversagen gestorben sein, wenn die Sonne aufs Metall brannte und der Kopf im Topfhelm zu kochen begann.

Adresse:
Schneider – Ritterrüstungen
Dürrwiesenweg 5
97337 Dettelbach-Euerfeld

Öffnungszeiten:
Anmeldung unter Tel. 0 93 24/97 91 14 oder E-Mail: schneider@ritterruestungen.de

Anfahrt mit öffentlichen Verkehrsmitteln:
Vom Bahnhof in Dettelbach mit dem Bus 8102 Richtung Haltebucht B22 bis zur Haltestelle „Bibergau Raiffeisenbank“, dann 3 km zu Fuß.

Kuriositäten in der Nähe:
- Auf eine Wirtshausschlägerei zurückgehende Wallfahrtskirche „Maria im Sand“ in Dettelbach

Scheinschwangerschaft

Bauch- und Gesichtsmasken aus allen Weltkulturen in Diedorf

In allen Kulturen gibt es sicher Versuche, Schwangerschaften zu verbergen, in Benin, beim Volk der Yoruba, dagegen kommen einmal jährlich Masken zum Einsatz, die sich Männer vor den Bauch und die Brust schnallen, um eine Schwangerschaft nachzuahmen. Diese Bauchmasken sind Teil eines Fruchtbarkeitsrituals des Geledebundes, das jährlich auf den Feldern vollzogen wird. Neben den hölzernen Kugelbäuchen kommen dabei auch Holzkeulen zum Einsatz, die das männliche Glied in Angebergröße darstellen und über das nicht einmal ein XXL-Kondom passt.
An den Ausstellungsstücken von den Yoruba erkennt man, dass die meisten der zusammengetragenen Masken keine Antiquitäten sind, sondern durchaus modern. Bei den Yoruba stellen viele Masken Familiensymbole dar. So trägt eine Familie, die ihr Geld auf dem Flughafen verdient, eine Boeing auf dem Kopf.
Das Museum mit seinen 6000 Masken zeigt, dass diese keine traditionellen unveränderlichen Heiligtümer sind, sondern modern und zeitgemäß, wie etwa die ausgestellte Maske aus einem chinesischen politischen Theater gegen den Staudammbau. Hier verbindet sich eine alte Theatertradition mit neuen Inhalten und politischem Protest. Und auch die Faschingsmasken im Schwarzwald und die Perchten aus den Alpen verändern sich. Viele der ausgestellten Masken haben ihre Vorbilder ganz eindeutig in Fantasyfilmen und Metal-CD-Covern. Mit der roten, zornesrunzeligen Maske des Schnitzers Thomas Well aus der Steiermark etwa, in deren aufgerissenen Mund lange, spitze Zähne wachsen, deren Kiefer weit nach vorne ragt und deren Nasenflügel schwärzlich-ausgefranzte Spuren der Verwesung zeigen, könnte man auf jedem Gothictreffen Staat machen.
Maskentragen ist in den meisten Kulturen Männersache – und ihre Herstellung auch, selbst wenn man

dazu häkeln lernen muss, wie bei den Asmat in Indonesien. Bei ihnen gibt es die Vorstellung, dass ein Junge, der zum Mann wird, sich häutet. In dieser Zeit der Pubertät ist der junge Mann besonders anfällig für böse Einflüsse (das kennen wir doch auch aus Mitteleuropa!). Also müssen die Jungs mit älteren Männern in den Wald. Die geben ihnen unter anderem Handarbeitsunterricht – und die Halbstarken häkeln sich Schutzklamotten, die ihnen helfen, unangefochten von üblen Ideen zum Mann zu werden.

Faszinierend ist auch, aus welchen Materialien Masken hergestellt werden! Holz, Pappmaschee, Plastik und Blech überwiegen. Aus dem Pinzgau kommt eine Bärenmaske aus einer alten Krachledernen – aus den Hosenbeinen wurden Ohren. Aus Tibet stammt eine Maske aus einem Schildkrötenpanzer, auf den Metall aufgesetzt wurde.

In dem kleinen Museum ist jeder Zentimeter als Ausstellungsfläche genutzt. Der Sammler, Michael Stör, bezeichnet es eher als Magazin. Man ist als Besucher überwältigt von der enormen Fülle, der Buntheit, der Fantasie! Tausende Fratzen starren einen an. Und welche Masken zieren das Klo? Gasmasken, na klar!

Adresse:
Internationales Maskenmuseum
Michael Stör
Lindenstraße 1
86420 Diedorf

Öffnungszeiten:
Rechtzeitige telefonische Voranmeldung für Termine am Wochenende ist dringend erforderlich. Werktags (außer Fr und Sa) sind Besuche meist ab circa 16.30 Uhr möglich. Manchmal reicht aber auch ein kurzfristiger Anruf (mindestens 10 Min. vorher) unter Tel. 0 82 38/6 02 45 oder 01 72/8 23 07 56.

Anfahrt mit öffentlichen Verkehrsmitteln:
Ab Augsburg Hbf. mit der Regionalbahn Richtung Ulm bis Bahnhof Diedorf (Fahrtzeit: 12 Min.) oder von der Haltestelle J am Königsplatz in Augsburg mit dem Bus 600 Richtung Krumbach bis zur Diedorfer Haltestelle „Ortsmitte" (Fahrtzeit: 22 Min.).

Kuriositäten in der Nähe:
- Kufa, ein Hersteller von neuen Postkutschen in Langenneufnach
- Hufnagel, Erfinder und Produzent des ersten zerlegbaren Kontrabasses der Welt
- Europas größtes Taglilienfeld bei St. Stephan

Tiefe Blicke

Das Museum 3. Dimension in Dinkelsbühl

In Dinkelsbühl sollten Sie Ihren Augen nicht trauen. Das gilt vielleicht für die fremdenverkehrsgesteuerte Gemütlichkeit der bemalten, mittelalterlichen Fachwerkhäuschen, sicher aber für das Museum im Nördlinger Torturm. Hier versucht man Sie zu verwirren und Ihnen Sand in die Augen zu streuen. Es gibt die unterschiedlichsten Methoden, mit denen Künstler und Techniker versucht haben, den Besucher tief blicken zu lassen. Prismenraster wurden aufgehängt. Sie sind aus Fotos, die aus unterschiedlichen Betrachterpositionen aufgenommen wurden, zusammengesetzt. Ein kitschiger, süßlich leidender Jesus im Nazarenerstil öffnet die geschlossenen Augen dem, der vor ihm niederkniet. Keusche Frauen mit Kopftuch lassen ihr Hüllen fallen und stehen in Unterwäsche da, wenn man sich ihnen verblüfft von der Seite nähert. Windmühlen beginnen sich beim Nähertreten zu drehen.

In einem mit Linsen bestückten Guckkasten sieht man räumlich winzige Szenen, etwa kleine Modelleisenbahnmännchen, die auf einer Kamera herumturnen, um sie zu reinigen und zu reparieren. Ähnliche Winzlinge arbeiten sich als wagemutige Seilschaft an einem benetzstrumpfhosten Bein empor oder verwenden die hautfarbene Brust einer Schaufensterpuppe, um für den Skisprung Fahrt zu gewinnen. Viele Bilder lassen Erotisches körperhaft werden. Es gibt Museen mit kostengünstigerem Eintrittspreis, aber hier hat man für ein Ticket die Peepshow mit dabei! Manchmal ist die Sinnlichkeit der Kunstwerke sanft angedeutet, wie auf einer auf einem Aquarell abgebildeten, runden Parfumflasche, auf der ein Paar schemenhaft abgebildet ist. Das Bild setzt sich aus der Form vieler Delphine zusammen. Bei anderen Bildern, etwa der Stereofotografie „Bond Girl" von Ingo Riedel, springen dem

Die Kinderzeche

Die Kinderzeche in Dinkelsbühl ist, anders als der Name vermuten lässt, kein Ort, an dem Minderjährigen Alkohol gegen Bezahlung ausgeschenkt wird. Es ist auch kein Ort, an dem Kinder unter unmenschlichen Bedingungen Erze abzubauen haben. Es ist ein Museum, das Dokumente und Trachten zu einem Dinkelsbühler Volksfest ausstellt. Dieses geht auf ein Schulfest zurück, bei dem die Kinder der katholischen Lateinschule für ihre Leistungen belohnt wurden. Später führten auch die evangelischen Schulen ein solches Fest ein, an dem bald auch Erwachsene teilnahmen.

Träger einer Rot-Grün-Brille die weiblichen Rundungen einer Dame in die Augen. Wem es wegen der Besuche von Großtante Sidonie peinlich ist, erotische Bilder in die Wohnung zu hängen, dem ist ein SIRDS zu empfehlen. Uneingeweihte Tanten sehen bunte Pünktchen, Eingeweihte, die bereit sind, minutenlang durch das Bild hindurchzustarren und sich Kopf und Augen zu verdrehen, sehen einen weiblichen Torso.
Neben all den erotischen Schmankerln werden durchaus seriöse Nutzanwendungen räumlicher Abbildbarkeit vorgeführt. Die Museumsbesucher sitzen im Kreis um einen Betrachter, der zeigt, wie 3-D-Aufnahmen etwa helfen, Polypen, die mit dem Elektronenmikroskop aufgenommen wurden, in ihrer winzigen Körperlichkeit zu zeigen. Es gibt meteorologische Wolkenbilder, archäologische Aufnahmen, die die Fundposition von Skeletten dokumentieren, und dreidimensionale Bilder von Luftbildarchäologen, die reiche Funde ahnen lassen. Selbst die Kartografie bedient sich der Photogrammetrie, um Höhenlinien korrekt auf Wanderkarten einzutragen und dem Bergsteiger unerwartete Höhenmeter zu ersparen.
Ursprünglich hatten auch die sogenannten Anamorphosen einen Zweck. Um die platten und abstrakt wirkenden Bilder zu entschlüsseln, braucht man meist einen spiegelnden Zylinder. Wenn man den auf das Blatt stellt, wird aus Unsinn Sinn, aus unstrukturierten Farbflächen ein Samurai, ein Zwerg oder aus einem Apfel eine Birne. Einst konnte man mit dieser Technik geheime Zeichnungen tarnen.
Hologramme sind heute nichts Besonderes mehr. Selbst auf Geldscheinen und Personalausweisen und unzähligen Kundenkarten im Geldbeutel kommen sie vor.

Adresse:
Museum 3. Dimension
Nördlinger Tor
91550 Dinkelsbühl

Öffnungszeiten:
Januar, Februar und März Sa und So 11–16 Uhr, 1. April bis 30. September täglich 10–18 Uhr, 1. Oktober bis 6. November täglich 11–16 Uhr, November, Dezember Sa und So 11–16 Uhr.

Anfahrt mit öffentlichen Verkehrsmitteln:
Vom Bahnhof in Ansbach mit dem Bus VGN 805 Richtung Dinkelsbühl Gymnasium bis zur Haltestelle „Am Stauferwall" in Dinkelsbühl (Fahrtzeit: 1 Std.).

Kuriositäten in der Nähe:
- Naturwebrahmen im ökologischen Klassenzimmer bei Dürrwangen
- Spruchteller im Fränkischen Museum in Feuchtwangen

Wissenswertes über Schmiede- und Fegefeuer

Grabkreuzmuseum der Kunstschmiede Bergmeister in Ebersberg

Ein leichter Schauer überfällt den Besucher des Museums in den ehemaligen Betriebsräumen in Ebersberg: geschmiedete Grabkreuze so weit man sieht. Sie stehen in Reihen hintereinander – 550 Kreuze, auf denen kaum mehr Namen zu erkennen sind und die teilweise aus dem 17. Jahrhundert, zumeist aber aus dem 19. Jahrhundert stammen.

Das Museum gehört nicht zu den vergnüglichsten Kuriositäten, denn es macht dem Betrachter die eigene Sterblichkeit bewusst – und dass auch der eigene Name, die eigene Identität, verlöschen wird.

Wir haben heute eine deutlich größere Distanz zu den Toten als frühere Generationen. Bis mindestens ins 18. Jahrhundert hinein sah man Tote und Lebende als eine Art Gemeinschaft an. Die Leichen wurden innerorts um die Kirche herum bestattet. Auf den Gräbern fanden Hochzeiten und Holzmärkte statt. Die lebenden und die toten Christen waren nichts anderes als gemeinsam auf Gottes Reich Wartende. Schon wenige Jahre nach dem Begräbnis wurden die Leichen exhumiert und die Knochen geputzt, beschriftet und in die in Bayern noch oft erhaltenen Karner gestapelt. Ein dauerhafter Grabstein oder ein Eisenkreuz war unnötig. Grabstätten mit dauerhafter Beschriftung waren nur für Geistliche und Adelige vorgesehen.

Die frühen Gräber hatten nicht einmal ein Holzkreuz. Die Kreuze kamen erst auf, als sich im Volk die Vorstellung durchsetzte, dass die Toten nicht direkt zu Gott kä-

Das Kreuz als Symbol

Die erste datierte Darstellung des Kreuzes auf einem christlichen Denkmal findet sich erst auf einer Inschrift aus Palmyra von 134. Es steht für das Kreuz, an dem Christus gestorben ist. Das bei uns verbreitete Kreuzsymbol nennt man Lateinisches Kreuz oder Passionskreuz. Es bildet den Grundriss fast aller romanischen und gotischen Kirchen. Das Symbol hat genau genommen die falsche Form. Das Hinrichtungskreuz, an dem Jesus starb, hatte nämlich höchstwahrscheinlich die Form eines T und nicht die des bei uns gebräuchlichen, kirchlichen Kreuzes.

men, sondern dass sie als arme Seelen eine qualvolle Zeit im Fegefeuer durchlitten. Die aber könnte, so die Meinung der Geistlichen, die Lebenden ihnen verkürzen, indem sie die Gräber mit Weihwasser besprengten und für die Verstorbenen beteten. Nun wurden Seelenmessen gelesen, es bildeten sich Bruderschaften und auch an den Gräbern bürgerlicher und bäuerlicher Toter wurden Kreuze aufgestellt, um die Angehörigen und Passanten zum Gebet zu rufen. Die von örtlichen Schmieden und Kunsthandwerkern angefertigten Kreuze tragen christliche Symbole. Zum Beispiel Engel, die das Blut aus den Wunden des Gekreuzigten auffangen. Auf aus Metall ausgeschnittenen Medaillons sind der kniende Verstorbene oder andächtige Angehörige abgebildet. Die Angst vor Tod und Sterben begann um sich zu greifen. Spätestens nach Reformation und Dreißigjährigem Krieg waren sich die Menschen nicht mehr sicher: Werden sie dereinst alle auferstehen oder etwa nur die Protestanten oder nur die Katholiken oder die, die genug Wachs für die Kirche gespendet und deren Kinder genügend Gebete gesprochen haben?
Bei allen Spiralen und Spindelblumen, verzerrten Menschen- und Tierköpfen, Akanthusblättern und Laubranken, Lorbeerkränzen, Palmetten und Bandschleifen und vor allem den trompetenden Engeln, die zum Jüngsten Gericht rufen: Der Besucher spürt, dass die Angst vor dem Tod die Kunst inspirierte. Und überall sind sie: Die geschmiedeten Hoffnungssymbole, die suggerieren, dass doch alles gut geht: Mohnkapseln, die Tausende Samen beinhalten und Zeichen für das Weiterleben in den Nachkommen sind; Weintrauben, die Zeichen für die Vergebung der Sünden durch Jesu Sühnetod; Sonnensymbole, die das Licht der Auferstehung und Ewigkeit darstellen. Der Museumsbesuch verstört, aber er lehrt nicht nur die Geschichte der Ornamente und handwerklichen Moden, sondern auch viel über den religiös-kulturellen Umgang mit dem Tod.

Adresse:
Grabkreuzmuseum Manfred Bergmeister
August-Birkmaier-Weg 4
85560 Ebersberg

Öffnungszeiten:
Sa 9–12 Uhr, für Gruppen auch nach Voranmeldung unter Tel. 0 80 92/2 40 34.

Anfahrt mit öffentlichen Verkehrsmitteln:
Von der S-Bahn-Station Kirchseeon aus mit dem Regionalbus 442 Richtung Grafing bis Ebersberg, Haltestelle „Kriegersiedlung“ (Fahrtzeit: 17 Min.)

Kuriositäten in der Nähe:
- Riesige Fichtennadel im Museum „Wald und Umwelt“ in Ebersberg

Vom Grunde genommen

Das Schwemmgutmuseum der e.on-Wasserkraft in Finsing

Wissen Sie, wo ihre letzte Post gelandet ist, die Sie mit romantischen Gefühlen und von einem staunenden, braungebrannten Insulaner träumend in den Bach geworfen haben? Sollten Sie die Flasche dem Wasser der Isar überantwortet haben, so könnte es sein, dass der Brief in den Rechen am Kraftwerk Finsing gelandet und von dort in die Ausstellung des Schwemmgutmuseums gewandert ist, so wie der Liebesbrief, den Silky am 30.7.1999 an Michael geschrieben und in die Isar geworfen hat. Sie schreibt: „Ich weiß nicht, ob dieser Brief jemals in die Hände eines Menschen gelangt oder ob die Ströme dieses Flusses ihn für immer verschlingen". An Silky: Sie können beruhigt sein. Ihr Brief liegt trocken und schön positioniert in einer Museumsvitrine. Und vielleicht kommt ja der Michael, an den der Brief gerichtet ist, mal zu einer Führung ins Schwemmgutmuseum nach Finsing. Dann liest er ihre Worte. „Ich denke, es gibt in unseren Leben doch noch eine Chance für uns beide. Doch wenn es soweit ist, sollten wir soweit sein, sie festzuhalten, um niemals loszulassen." Wir wünschen, das Paar findet durch das Museum nach über zehn Jahren doch noch zusammen.

Nicht alle Exponate, die sich in den Rechen verfingen oder auf dem Grund des Isarkanals zwischen Oberföhring und Pfrombach lagen und zutage traten, als bei einer Kanalsanierung das Wasser abgelassen wurde, sind so romantisch. Da gibt es ziemlich viele Exponate mit krimineller Vergangenheit, etwa aufgeschnittene Tresore, die die Diebe im Wasser versenkten, eine geknackte Registrierkasse, einen aufgebrochenen Zigarettenautomaten, ein gestohlenes Auto und jede Menge Munition.

Aupair-Mädchen dazumal

Dienstmädchen und Haustochter – die beiden Frauen, die sich in der Isar Ende der 1930er-Jahre das Leben nahmen, hatten für die damalige Zeit übliche Rollen. Als Haustochter bezeichnete man eine junge Frau, die in einer anderen Familie lebte, um dort zu lernen, wie man einen Haushalt führt. Sie sollte an sich wie ein eigenes Kind behandelt werden und hatte Aufgaben wie heute ein Aupair-Mädchen. Dienstmädchen arbeiteten bis zu 16 Stunden am Tag im Haushalt einer Familie, kochten, wuschen, passten auf die Kinder auf und hatten ein geringes Einkommen und keine Privatsphäre. Meist schliefen sie in der Küche oder anderswo in der Wohnung der Arbeitgeber.

Nach dem Krieg empfanden manche Bürger es als sicherer, die Erinnerungen an den Zweiten Weltkrieg zu vernichten und das Wasser die Vergangenheit bedecken zu lassen. Man sieht Helme, Maschinengewehre, Pistolen, Granaten und Mörser. Aus der Zeit des Krieges stammt auch ein Wrackteil einer britischen Lancaster mk III, die von der deutschen Flak getroffen wurde. Wahrscheinlich aber stürzte das Flugzeug nicht ab. Recherchen ergaben, dass das Kriegsflugzeug zwar beschädigt, aber noch flugfähig die heimische Insel erreichte.
Manche Exponate zeugen vom Spieltrieb der Uferbewohner. Ein Boot aus den gelben Döschen von Überraschungseiern zeigt ebenso Erfindergeist wie der Rodelschlitten aus einem Hocker, einer mit Plastik bezogenen Sitzfläche und unten angebrachten Skiern. Zwar hatte er eine Bremse, dennoch schoss er wohl über das Ziel hinaus und ging baden.
Wer den ausgestellten Fernseher oder die Motorräder ins Wasser warf, ist definitiv eine Umweltsau. Nicht alles wurde aber von den Besitzern mutwillig ins Wasser geworfen. Sicher wurde das Dixiklo bei einem Sturm ins Wasser geweht – glücklicherweise nicht, als jemand dort gerade sein Wasser lassen wollte. Wie aber gelangte das als Klobürstenhalter gedachte Porzellannilpferd in Weiß mit einem Lätzchen mit Schiffchendekor ins Wasser? Es wird kaum vom Nil in die Isar geschwommen sein.
Historisch besonders aussagekräftig sind zwei Bücher. Das eine listet die Tierkadaver auf, die aus dem Kanal geborgen wurden, das andere ist ein dickes Buch, in dem akribisch mit Bleistift die Wasserleichen notiert sind.

Adresse:
e.on Wasserkraft GmbH
Wasserkraftwerk Finsing
Seestraße 3
85464 Finsing

Öffnungszeiten:
Besichtigung nur nach vorheriger Anmeldung unter Tel. 0 81 21/7 09-201 oder E-Mail: mathilde.hattenkofer@eon-energie.com.

Anfahrt mit öffentlichen Verkehrsmitteln:
Ab München Hbf. bis zum S-Bahnhof in Markt Schwaben mit der Linie S2, dann mit dem Regionalbus 568 Richtung Erding bis zur Haltestelle „Neufinsing Seestraße" (Fahrtzeit: insgesamt 50 Min.).

Kuriositäten in der Nähe:
- Spezialbäckerei „Jeffo" für Hundekekse in Markt Schwaben
- Scherzartikellagerverkauf Funice in Vaterstetten

Auch Kleine wollen hoch hinaus!

Welthöchster Maibaum in Finsing-Eicherloh

Eicherloh ist ein Dorf mit unter 500 Einwohnern, aber es ist dennoch ins Guinness-Buch der Rekorde gelangt – und zwar wegen seines Maibaums, der ragt weißblau spiralig bemalt und mit den Zeichen der Zünfte versehen weiter in den weißblauen Himmel als alle anderen Maibäume der Welt. Der 57 Meter(!) hohe Douglasienstamm hat ein Alter von 134 Jahren und besteht aus 22 Festmetern Holz. Zwei Zweimetermänner oder -Frauen könnten sich gerade an den Fingerspitzen berühren, wenn sie den Baum gemeinsam umarmten. Sein Durchmesser beträgt 1,2 Meter. Gefällt wurde der Gigant in Heiligenbrücken im Spessart. Der Maibaum in Eicherloh ist nur drei Meter kleiner als der höchste Baum Deutschlands, der im Stadtwald von Eberberg am Neckar wächst. Dieser Baum ist ebenfalls eine Douglasie, jedoch eine lebendige, fest verwurzelte.

Die Eicherloher führen genau Buch über ihre Maibäume. 1946 mussten sie sich noch mit einem 18 Meter langen Leitungsmast begnügen, doch es ging aufwärts. 1977 wollte man auch schon einen präsentablen Baum, deswegen wurde er, so sagt es die Anschlagtafel am heutigen Baum, von Sepp Habertaler von ursprünglich 32,90 Metern auf 40 Meter verlängert. Im Jahr 2005 hatten die Eicherloher schon

Der 1. Mai und sein Baum

Der Maibaum war ursprünglich nur in wenigen Gegenden Deutschlands üblich. Das änderte sich unter den Nationalsozialisten. Der erste Mai war im gesamten Reich der wichtigste Festtag der internationalen Arbeiterschaft. Die Nationalsozialisten hatten allerdings ein großes Interesse daran, den Termin zu ihrem Nutzen umzuwidmen. Ab 1934 wurde daraus ein „Nationaler Feiertag des deutschen Volkes“. Die Propaganda erklärte, die Maibäume seien ein altes, germanisches Brauchtum und die Nazis führten sie flächendeckend ein. Schon Wochen vor dem 1. Mai wurden Gebäude, Straßen und Festplätze überall in Deutschland geschmückt, Festzüge vorbereitet und Lieder einstudiert. Der Bund Deutscher Mädchen und die Hitlerjugend wurde zum Feiern gezwungen und eine im Radio übertragene Rede des Führers bildete den Höhepunkt der Maifeiern.

einmal einen Rekordbaum, damals mit etwas über 50 Metern, der wurde aber zum einen erst mal geklaut und dann ist, als er glücklich wieder da war, auch noch der Blitz in ihn gefahren. Der heutige Baum dürfte mit seinen 17,6 Tonnen ziemlich diebstahlsicher sein.

Nebenbei: Dass das Maibaumaufstellen germanische Wurzel hat, wie man es oft sogar in halbwegs seriösen Zeitungen liest, ist Unsinn. Auch die Eicherloher des 3. Jahrhunderts saßen sicher nicht Bier trinkend in Rehmänteln vor dem Maibaum. Die Menschen mögen Bäume verehrt und gefeiert haben, aber Belege von Maibäumen gibt es in Bayern erst aus der Zeit, als das Land durch und durch christianisiert war. Maibäume tauchen erstmals 1491 in Rechnungen der herzoglichen Rentmeisterei in München auf. Diese wurden aber auch damals keinesfalls am ersten Mai aufgestellt, denn die Silbe „Mai“ hat nur indirekt mit dem Monat zu tun. „Maien“ sind oft mit Bändern umwickelte Zweige oder Bäume, die als Festschmuck zumeist bei kirchlichen Festen dienen und die man besonders an Fronleichnam und Pfingsten an Häusern, Straßen und in der Kirche anbrachte.

Adresse:
Otto Isemann (Erster Vorsitzender des Maibaumausschusses)
Finsinger Straße 4a
85464 Finsing-Eicherloh

Öffnungszeiten:
Der Giganten-Maibaum steht vor dem Hotel Faltermaier in der Torfstraße 10 in Eicherloh und ist rund um die Uhr zugänglich.

Anfahrt mit öffentlichen Verkehrsmitteln:
Von der S-Bahn-Station in Markt Schwaben mit dem Regionalbus 568 Richtung Erding bis Eicherloh (Fahrtzeit: 15 Min.).

Kuriositäten in der Nähe:
- Eisschnitzerei Ice Team in Ismaning
- Basispyramide bei Erding
- Größte Bisonherde in Deutschland in Sickenhausen

Auf dem Trockenen

Museum der Seefahrt in Geiselhöring

In Bayern gibt es Hunderte Museen, doch ein Museum der Seefahrt würde wohl niemand hier vermuten und wenn, dann an der Donau oder am Bodensee. Auf der Kleinen Laber, die an Geiselhöring vorbeifließt, darf man zum Angeln nicht einmal Ruderboote nutzen und sie ist nur für Papierboote schiffbar. Geiselhöring aber wurde von einem seefahrtsbesessenen Sammler für das Museum ausgesucht, weil es Platz dafür gab und der ehemalige Tanzsaal einer Gastwirtschaft sich gerade anbot. So wurde hier die Sammlung Helmut Ostens aufgebaut, der im Zweiten Weltkrieg als junger Mann freiwillig zur Marine ging. Er diente als Smutje auf dem Deutschen Hilfskreuzer „Thor".

Als Junge hatte er die wilden Geschichten von und über den legendären Graf Luckner regelrecht in sich aufgesogen. Dieser als Held verehrte Abenteurer, der sich selbst in seinen Büchern als „Seeteufel" bezeichnete, hatte im Ersten Weltkrieg die englische Seeblockade durchbrochen und mindestens 16 Schiffe versenkt, wobei nur ein gegnerischer Soldat starb. Graf Luckner war zweifellos eine schillernde Person. Er wurde 1926 als erster Deutscher Ehrenbürger der USA. Er hat später wohl geholfen, eine Jüdin vor den Nazis zu retten, hatte seine Lust an minderjährigen Mädchen aber wohl nicht im Griff. Verurteilt wurde er allerdings nie. Er reiste im Alter durch die Welt, hielt Vorträge – und Helmut Osten gelang es, seinen Held persönlich kennenzulernen. In Geiselhöring ist ein Fünfmarkstück ausgestellt, das Luckner zwischen Daumen und Zeigefinger verbogen hat. Das war neben dem Zerreißen von Telefonbüchern der Lieblingssport des Grafen, der im Museum anhand von Bildern, Büchern, Briefen und Schiffsmodellen gewürdigt wird.

Ein winziger Gigant

Warum nur bauen Modellbauer so gerne Dinge, die im Original besonders riesig waren, nach? Herr Osten hat mit der „Great Republic" das größte je gebaute Holzschiff nachgebastelt. Er brauchte dafür nicht allzu viel Material, das 1852 begonnene Original aber wog 1600 Tonnen, wobei das nicht allein das Gewicht des Holzes war. Das Schiff war mit Eisen verstärkt. Die Planken aus dem Holz der gut feuchtigkeitsbeständigen Sumpfkiefer waren außerdem mit Kupfer beschlagen. 50 000 Menschen schauten zu, als das Schiff vom Stapel lief. Doch schon vor der Jungfernfahrt fing das Schiff Feuer und musste neu aufgebaut werden. Bereits 1872 ging der elegante Ozeanriese vor den Bermudainseln unter.

Helmut Osten begann schon im Zweiten Weltkrieg alles über das Thema Seefahrt zu sammeln. Und die Faszination ließ ihn auch nicht los, als der Krieg vorbei war und Osten eine Familie gründete. Was zu groß war, um es ins Wohnzimmer zu stellen, wurde verkleinert nachgebaut. Die Tochter Ostens, Frau Hella Meister, die durch das Museum führt, erinnert sich, dass der Vater nicht viel Zeit für die Kinder hatte und sich nur ungern beim Basteln stören ließ, das er unheimlich ernst nahm und wofür er den Feierabend opferte. Jedes Detail musste stimmen! Nach und nach füllte sich die gesamte Wohnung mit Modellen, mit denen die Kinder nicht spielen durften. Über 30 Modelle der berühmtesten Segelschiffe stehen nun in Geiselhöring: Die „Santa Maria" des Christoph Columbus, die „Great Republic", der größte Tee-Klipper der Welt, oder die berühmte „Gorch Fock".
Osten hat über die Jahrzehnte außerdem eine riesige Sammlung von nautischen Dingen zusammengetragen. So erhalten auch Landratten, ohne je auf See gewesen zu sein, einen Eindruck von der Seefahrerei, wie sie früher war, als noch Windjammern über die Weltmeere kreuzten und mit dem Kompass der Kurs gehalten wurde. Viele Schiffsmodelle und typische Ausrüstungsgegenstände, wie Teile von Takelagen, Laternen, Anker, Galionsfiguren sind hier zu bewundern und man findet Kapitänsporzellan. 25 Ankermodelle erzählen, wie man Schiffe am Grund festhielt. Im Museum findet sich so ziemlich alles, was man auf einem Schiff benötigt, wie Schiffslaternen, Werkzeuge, Sextanten, Fernrohre und Ferngläser, Hängematten – und Rettungsringe, denn nicht jedes Schiff kehrt in seinen Hafen zurück.

Adresse:
Museum der Seefahrt
Hella Meister
Stadtplatz 7
94333 Geiselhöring
(Im 1. Stock des Restaurants „Portofino")

Öffnungszeiten:
Di–So 10–12 und 15–17 Uhr (Öffnung nach Anruf vor Ort unter Tel. 0 94 23/15 70).

Anfahrt mit öffentlichen Verkehrsmitteln:
Von Neufahrn (Niederbay) mit der RB 59736 Richtung Bogen nach Geiselhöring (Fahrtzeit: 12 Min.).

Kuriositäten in der Nähe:
- Älteste Schule Deutschlands in Schierling
- Das erste dem Heiligen Nepomuk geweihte Museum der Welt in Plattling
- Melonenplantage in Altenbuch

Der Stolz der Deutschen

Vom Aussterben bedrohte Obstsorten in der Obstarche von Gnotzheim-Spielberg

Am Spielberg mit seiner weithin sichtbaren Burg liegt gleich hinter dem Gasthof Gentner ein Obstgrundstück. Hier stehen in Reihen und mit Nummern versehen kleine Bäumchen. In Zukunft sollen es noch viel mehr werden, denn in Spielberg sollen alte Obstsorten bewahrt werden. Zusammengetragen haben die Bäume zum überwiegenden Teil Fritz Renner vom Landwirtschaftlichen Bildungszentrum in Triesdorf und Wolfgang Subai, die Franken nach unbekannten Früchten abklappern und ihren Wachstumsort auf Karten festhalten. Initiator der Arche ist Herr Fackler vom Landschaftspflegeverband. Um die Bäumchen kümmert sich die Gastwirtin Maria Gentner. Das ist nicht leicht, denn es gibt im Maschinenring keine Mähmaschinen, die eine so geringe Breite haben, wie sie nötig wäre, um das Gras zwischen den jungen Bäumchen zu schneiden. Und Schafe würden nicht nur am Boden, sondern auch an den Blättchen knabbern. Wenn man sie allerdings in Drahtröhren verpacken würden, bekämen die Besucher nichts zu sehen.

Auf einer Karte erfährt der Besucher die Namen der Obstsorten: Da gibt es den gestreiften Bachapfel, der lange bundesweit als verschollen galt. Sein Name hat nichts mit Bächen zu tun, sondern mit Backen. Er ist hervorragend für Apfelkuchen zu verwenden. Die Sorte wird bereits 1650 genannt. Sie trägt gut. Eine Beschreibung aus dem Jahr 1799 lobt den saftigen, grobkörnigen Apfel, der früh im Jahr genießbar ist und doch im Winter nicht runzlig oder schlecht wird: „… weshalb ihn der Landmann sehr zum Kochen liebt“. Der Apfel ist groß, flachgedrückt und oft ungleichhälftig bis beulig. Vermutlich galt er im letzten Jahrhundert nicht mehr als hübsch und verschwand nach 1909 aus dem Angebot der Baumschulen.

Eine weitere, nicht gerade apart aussehende Frucht ist der Kuhfuß. Die Birne wirkt verbeult und untersetzt. Nicht nur das dürfte der nach Zimt schmeckenden Birne mit süßem, fast schmelzendem Fleisch fast den Garaus gemacht haben. Sie gehört zu den Kochbirnen, aus denen man Birnenkompott herstellte. Mit dem Kompottkochen verschwand auch die Art; neben dem Baum in der Arche in Spielberg gibt es nur noch einen weiteren in Franken (die Mutter dieses Pflänzchens) und einen in Bayern.

Der heute vergessene Edelborsdorfer galt als „Stolz der Deutschen“ und war im 19. Jahrhundert eine der verbreitetsten Sorten, dessen Apfelwein vom Pomologen Diel gepriesen wurde als „besser als die schlechten Frankenweine“.

Bachapfel, Edelborsdorfer und Kuhfuß gehören in der Arche zu den Sorten, die als Hauptsorten beschildert sind. Das sind solche, die einst weit verbreitet und auch über Franken hinaus bekannt waren. Daneben gibt es die Rubrik der lokalen Sor-

Rezept „Feiner Apfelkuchen“

Das Geheimnis für Großmutters feinen Apfelkuchen in Rührteig sind die vorgedünsteten Äpfel, durch die dieser Kuchen ganz besonders saftig wird. Die Vorbereitungszeit beträgt ca. 30 Min.
Zutaten für 12 Stücke:
Für die Füllung: 75 g Zucker, 1 EL geriebene Zitronenschale unbehandelt, 3 EL Zitronensaft, 1 Zimtstange, 500 g Äpfel.
Für den Teig: 200 g weiche Butter, 150 g Zucker, 4 Eier, 1 EL geriebene Zitronenschale unbehandelt, 200 g Mehl. Außerdem: Fett und 2 EL Semmelbrösel für die Form, 1–2 EL Puderzucker zum Bestäuben.
Für die Füllung 200ml Wasser (wahlweise darf auch ein Schuss Rum dazu) mit Zucker, Zitronenschale, Zitronensaft und der Zimtstange aufkochen, den Herd ausschalten. Die Äpfel schälen, entkernen, in Spalten schneiden und gleich in den Zitronensud geben. Wieder aufkochen, die Äpfel zugedeckt etwa 2 Min. köcheln und dann abkühlen lassen. Für den Teig die Butter und den Zucker schaumig rühren. Eier, Zitronenschale und zuletzt das Mehl unterrühren. Den Backofen auf 175 Grad vorheizen. Eine Springform fetten und mit Semmelbröseln ausstreuen. Die Hälfte des Teiges in der Form glattstreichen. Die Äpfel gut abtropfen lassen und ohne die Zimtstange auf dem Teig verteilen, dann den restlichen Teig darüber geben. Den Kuchen auf der untersten Schiene im Ofen etwa 40 Minuten backen. Zum Servieren mit Puderzucker bestreuen.

ten, die in der Region ihre Bedeutung hatten, und dann gibt es die unbekannten Sorten. Sie sind pomologisch nicht bestimmbar, das heißt, in keinem Apfelbuch oder Birnenbuch beschrieben. Die Namen, die sie in der Obstarche bekommen haben, sind oft die, die alte Leute im jeweiligen Ort noch wussten, oder man nannte sie nach dem Herkunftsort, wie etwa die Stadtgrabenbirne, von der das einzige bekannte Exemplar bis 2004 im Weißenburger Stadtgraben wuchs.
Einst war Obst nur etwas für adelige Gärten. Im 17. und 18. Jahrhundert aber setzte sich mit zunehmender Entwicklung die Erkenntnis durch, dass Obst eine wichtige Rolle in der Ernährung spielt und dass die Bürger gesünder bleiben, wenn sie auch im Winter Lageräpfel essen, statt nur von Brei zu leben. Obst wurde zur Chefsache. Auch der Markgraf von Ansbach betrieb Gesundheitspolitik, indem jedes Hochzeitspaar verpflichtet wurde, Obstbäume zu pflanzen. Lehrer sollten in ihrem Dorf den Obstbaumschnitt lehren. Pfarrer mussten nun von der Kanzel herab dazu aufrufen, Äpfel zu essen – statt vor der Frucht der Erkenntnis zu warnen. Der bis 1877 in Gnotzheim lebende Frühmess-Benefiziat Leonhard Koch erfüllte diese Aufgabe mit Bravour. Für die Schulkinder schrieb er Lieder, die die richtige Pflege von Obstgärten zum Inhalt haben. Er rief eine private Obst-Lehranstalt ins Leben, deren Unterricht in seinem Wohnhaus erteilt wurde. Es war üblich, dass Gelehrte sich mit

der Bestimmung von Obstarten und ihrer Kultivierung befassten. Obststecklinge waren begehrte Tauschobjekte. Besonders gefragt waren solche mit hohen Stämmen, damit darunter Platz für Weidevieh blieb. Auch das Holz der Obstbäume war einst bei holzverarbeitenden Handwerkern begehrt. Aus den harten und zähen Obsthölzern konnte man vortreffliche Drechslerwaren und viele Alltagsgegenstände herstellen. Die hohen Stämme der alten Obstbäume konnten zu Brettern und Bohlen verarbeitet werden, aus denen Schreiner hochwertige Möbel anfertigten. Heute sind lange Obstbaumstämme kaum mehr zu bekommen, denn immer seltener finden sich noch ausreichend große und entsprechend alte Bäume. Moderne Obstbäume sind extrem kurzstämmig, um eine maschinelle Pflege der Plantage und eine einfache Ernte der Früchte zu ermöglichen. Auch bekommen sie selten die Chance, wirklich richtig alt zu werden, denn sobald kein hoher Ertrag mehr zu erwarten ist, werden die Bäume durch neue, junge Bäume ersetzt. Eine Nutzung des Holzes erfolgt meistens nicht mehr oder ist nicht mehr möglich. Die Kombination von Weidewirtschaft und Obstanbau ist nicht wirtschaftlich, so stehen moder-

ne Obstbäume meistens in Reih und Glied, der Bewuchs zwischen den Bäumen wird maschinell kurz gehalten und dient nicht mehr als Weidegrund. Das traditionelle Obststück wird immer seltener. Doch in einigen Regionen Deutschlands besinnt man sich aus Umwelt- und Landschaftsschutzgründen wieder auf diese traditionelle Art der nachhaltigen, ökologischen Bewirtschaftung, die auch der Erhaltung unserer Kulturlandschaften dient. So wächst mancherorts langsam wieder die Nachfrage nach alten Obstsorten.
Äpfel wurden im 19. Jahrhundert meist direkt in den Dörfern verzehrt, in denen sie wuchsen. Das änderte sich massiv. Drohen Äpfel und Birnen deswegen auszusterben? Nicht alle natürlich, aber im Supermarkt findet man oft wenig Auswahl außer Granny Smith, Jonagold, Idared und Golden Delicious. Die anderen rund 3500 Sorten kennen nur Eingeweihte. Fast jeder trinkt im Sommer Apfelschorle, aber die wird zu 70 Prozent aus dem Konzentrat chinesischer Äpfel hergestellt. Das Aufsammeln der Äpfel im Herbst ist mühevoll und finanziell nicht sehr lukrativ. Immer mehr Obstwiesen werden zu Bauland; das ist schlecht für Wendehals, Steinkauz, Grünspecht und Gartenrotschwanz, Siebenschläfer und Haselmaus – und menschliche Apfelfreunde.
Bei der biblischen Arche Noah durften aus Gründen der Vermehrung immer zwei Lebewesen einer Art mit an Bord. In der Obstarche ist es je nur ein Exemplar, denn zwar klappt es auch bei Äpfeln und Birnen, sich mit Bienchen zu vermehren, doch kann man die Bäume nicht über Sämereien nachziehen: Die Bienen waren meist auf Obstbäumen verschiedener Arten und bringen selten die genau passenden Pollen zur Apfel- oder Birnenblüte. Die Bewohner der Obstarche wurden daher über Stecklinge vermehrt.

Adresse:
Obstarche Spielberg
Frau Maria Gentner
Spielberg 1
91728 Gnotzheim-Spielberg

Öffnungszeiten:
Frei zugänglich hinter dem Gasthaus Gentner.

Anfahrt mit öffentlichen Verkehrsmitteln:
Ab dem Bahnhof in Gunzenhausen mit dem Regionalbus 649 Richtung Oettingen in Bayern bis zur Haltestelle „Spielberg-Gentner“ (Fahrtzeit: 17 Min.).

Kuriositäten in der Nähe:
- Garten mit winterharten Kakteen in Oettingen in Bayern

Was wir jetzt sind, das werdet ihr!

Karner St. Michael in Greding

In dem kleinen Häuschen herrscht dichtes Gedränge. Beine verkanten sich, Köpfe stoßen aufeinander. 2500 Menschen haben auf wenigen Quadratmetern gestapelt Platz! Allerdings haben die Leute im Ossarium in Greding weder Fleisch noch Blut. Es sind die angegrauten, teils etwas staubigen sterblichen Überreste von Gredinger Bauern und Bürgern seit dem 14. Jahrhundert. Eine Tafel warnt: „Was ihr jetzt seid, das waren wir. Was wir jetzt sind, das werdet ihr."

Bis zum Zweiten Weltkrieg soll auch noch eine verdorrte Hand in dem durch Gitter geschützten Raum gelegen haben. Gegen Ende des Krieges hat sie aber irgendwer entwendet. Warum ist unbekannt.

Das Beinhaus in Greding besteht, wie die meisten in Bayern, aus einem Untergeschoss, in dem Knochen und Schädel lagern, und einer Kapelle im Erdgeschoss. Solche Mehrzweckbauten nennt man Karner. Der von Greding hatte einen weiteren Zweck. Er war im 12. Jahrhundert Teil der Wehranlage, an deren höchstem Punkt sich die Martinsbasilika befindet, ehe man im 14. Jahrhundert aus Platzgründen anfing, die Toten zu exhumieren und im Karner neu zu bestatten. Um 1510 etwa entstand der Kapellenaufbau. Immer wieder wurde am Karner etwas verändert und erneuert. 1905 hat man mal aufgeräumt, die Gebeine neu gestapelt und das heute vorhandene Gitter mit den Kerzenleuchtern angebracht. 2004 wurde die Kapelle neu mit historischen Ziegeln gedeckt. Dafür gab es einen Denkmalpreis des Regierungsbezirks. Ein bisschen beim Putzen helfen darf übrigens jeder. In einer Ecke des Beinhauses, den Knochen gegenüber, liegt ein rotes Plastikkehrbesteck. Der Besucher fragt sich, wie ordnungsliebend die Erbauer gewesen sein müssen, um gleich einen Einbaubesenschrank zu mauern. Kunsthistorisch ist aber festzustellen, dass die Funktion dieses Nischchens wohl zuerst eine andere war. Zu einem gängigen Ausstattungsdetail von Karnern dürfte die Totenleuchte gehört haben, die ständig zu brennen hatte. Die Bewohner Gredings stifteten wohl regelmäßig Wachs, damit das Gedächtnis an die Verstorbenen nicht nachließ. Die tiefe Wandnische mit Rauchabzug im Gredinger Untergeschoss ist als solche Totenleuchte anzusehen.

Die Kapelle in der oberen Etage ist dem Erzengel Michael geweiht. In der Bibel spielt er keine tragende Rolle – wohl aber im populären Glauben. Michael ist es, so die Überzeugung, der am Ende eines Lebens die guten und die bösen Taten eines Menschen aufschreibt und die Schwere der Schuld feststellt, die Seele des Verstorbenen quasi auf die Waage legt. Sterbende und Trauernde riefen deswegen oft den Engel an, um ihn sich gewogen zu machen.

Wer sich den Karner Gredings ansieht, der sollte unbedingt auch einen Blick in die daneben stehende beeindruckende Basilika werfen, die sich in ihrer romanischen Schlichtheit und den einfachen Bildern so angenehm vom Prunk der Barockkirchen der Umgebung abhebt. Bei der Darstellung des Heiligen Christopherus, der Jesus über das Wasser trägt, ist nicht nur der Riese selbst eindrücklich. Dem Beobachter mit dem Blick für das Kuriose fällt gleich die kleine, zweischwänzige Meerjungfrau, ein Mischwesen aus Frau und Fisch, ins Auge. Sie stammt eigentlich aus der griechischen Sagenwelt und lockt mit ihrem wunderschönen Sirenengesang die Jungs auf den Schiffen an, denen sie die Köpfe verdreht und die sie ins Verderben lockt. Sie steht für die Versuchung und Sinnlichkeit – und in der Tat ist die junge schuppige Dame sehr entzückend!

Adresse:
Karner St. Michael
Kirchhof an der Kirchberggasse
91171 Greding

Information über:
Kulturamt der Stadt Greding
Marktplatz 11–13
91171 Greding

Öffnungszeiten:
Der Karner und die Martinsbasilika sind von April bis September täglich 8–20 Uhr geöffnet, in den anderen Monaten nur bis 17 Uhr.

Anfahrt mit öffentlichen Verkehrsmitteln:
Vom Bahnhof in Hilpoltstein mit dem Bus VGN 611 Richtung Greding bis zur Haltestelle „Marktplatz" (Fahrtzeit: 45 Min.).

Kuriositäten in der Nähe:
- Falsch ausgewiesener Geburtsort Glucks in Weidenwang
- Guanakos in Erasbach
- Schellenbaumhersteller in Diespeck
- Wasserscheide-Brunnen in Graben (ein Teil des Wassers fließt ins Schwarze Meer, ein Teil in die Nordsee)

Fußballweltrekord

Der Guinness-Buch-Kicker der Benedikt-Menni-Werkstatt in Gremsdorf

Athletisch sehen sie nicht gerade aus, die kleinen Fußballer. Ihre Beine haben sie unbeweglich aneinander gepresst, als müssten sie dringend mal wohin, doch verlassen sie das Spielfeld nie. Sie sind nicht gelenkig, aber Meister im Flickflack und Purzelbaum. Bewegen müssen sich nur die Menschen am Spielfeldrand. Diese zucken denn auch hektisch, ohne je die Stangen loszulassen, an denen die steifen Fußballer befestigt sind. Die Spieler versuchen das eigene Tor zu hüten und den Gegner zu beschießen. Das gegnerische Tor zu treffen, ist sehr schwer, denn es sind von Tor zu Tor 12 Meter zu überwinden. Am weltgrößten Tischkicker aus dem Jahr 2006 können zwei Mannschaften mit je 22 Mann oder Frau antreten. Insgesamt können also vier Fußballteams miteinander spielen. Es gibt mehrere Bälle in drei Farben, die unterschiedlich hohe Punkte versprechen.
Leider halten heute nicht mehr die Gremsdorfer den Rekord. Es wurde seit der Fertigstellung des Kickers aus Franken ein größerer gebaut, doch die Werkstatt für Behinderte hat beschlossen, nicht mitzuhalten und sich sportlich geschlagen zu geben, denn ein noch größerer Kicker wäre nicht mehr transportabel. Schon der jetzige erfordert einen Dreieinhalbtonner, obwohl sich der Kicker in Segmente zerlegen lässt, die am Spielort mit Kofferverschlüssen verbunden werden. Wenn niemand spielen will, ist er eingelagert, doch zu Sommerfesten steht er bereit – und immer wieder wird er gemietet. Wann er aufgebaut ist und wo man mitspielen

kann, erfragt man am besten direkt bei der Benedikt-Menni-Werkstatt. Wer nicht genug Freunde hat, um den Riesenkicker zu mieten, der kann sich auch für kleinere Modelle entscheiden. Es gibt z. B. Rollstuhlkicker und Fankicker mit den Autogrammen verschiedener Fußballvereine oder der Nationalmannschaft. Eigentlich sollte auch einer mit der Unterschrift des Papstes vorhanden sein, doch das Brett mit dem Autogramm wurde noch im Vatikan gestohlen.
Natürlich bauen die Mitarbeiter in der Behindertenwerkstatt auch Kicker für den Verkauf. Sie werden ganz nach Kundenwunsch gefertigt, egal ob für 2 oder 44 Spieler, egal ob mit Holzboden oder fotorealistischem Spielfeld. Man kann die detailgetreuen Ränge seines Lieblingsstadions auflaminieren oder Firmenwerbung aufbringen lassen. Momentan tüfteln die Grenzdorfer eine Flutlichtanlage und leuchtende, umlaufende Bandenwerbung mit LEDs aus.
Die Tischkickerproduktion ist nur ein Teil der WfB. Es gibt eine Abteilung, die Nistkästen und Insektenunterkünfte herstellt, wobei die Beschäftigten alles selbst machen, vom Schilfschneiden bis zum Zusammenschrauben. Die WfB muss für Menschen mit ganz unterschiedlichen Fähigkeiten Beschäftigung finden. Eine Gruppe arbeitet Industriebetrieben zu, eine webt Teppiche. Die Atmosphäre wirkt menschlich, stressfrei und heiter. Besucher werden wie Freunde begrüßt. Im hellen bunten Laden kann man kaufen, was in Gremsdorf produziert wird – und viele schöne und nützliche Dinge aus anderen Behinderteneinrichtungen.

Adresse:
Barmherzige Brüder Gremsdorf
Detlev Troll
Eustachius-Kugler-Straße 1
91350 Gremsdorf

Öffnungszeiten:
Der Laden ist Mo–Fr 10–18 Uhr geöffnet.

Anfahrt mit öffentlichen Verkehrsmitteln:
Ab dem Bahnhof Erlangen mit den Buslinien 203 oder 205 Richtung Höchstadt/Aisch bis Gremsdorf, Haltestelle „Kloster“ (Fahrtzeit: 25 Min.).

Kuriositäten in der Nähe:
- Der weltgrößte Karpfen aus Stein in Neustadt an der Aisch
- Rathaus mit obszönen Holzreliefs in Forchheim
- Meerrettichmuseum in Baiersdorf
- Letzte Wasserschöpfräder Mitteleuropas in Möhrendorf
- Kleinste spielbare Geige der Welt in Bubenreuth

Bekehrungserlebnis

Die Besenwelten von Christl Hirner in Günzburg-Denzingen

„Neue Besen kehren gut – aber alte wissen besser, wo der Dreck liegt". Das ist eine Weisheit, die der Besucher der Besenwelten in Günzburg schon im Vorraum der in einer hellen Einliegerwohnung eines Einfamilienhauses eingerichteten privaten Besenwelten mit auf den Weg bekommt. Man kann Eintritt bezahlen, wenn man das Museum besuchen möchte, man kann aber auch mit einem Besen der eigenen Wahl die kleine Treppe zum Eingang kehren. Es steht zum Beispiel ein Birkenreisigbesen zur Verfügung, der mit Kabelbinder an einem Haselnussstecken befestigt wurde.

In dem Museum befinden sich Ritualbesen, also Besen, mit denen man zaubern, heilen oder seine Macht demonstrieren kann. Dazu gehören Gnuschwanzbesen aus Benin oder Voudoubesen aus Mali. Es gibt allerdings auch ganz profane Besen, um den Schmutz aufzuwirbeln und hoffentlich zu beseitigen. Viele stammen aus fremden Ländern, denn Frau Hirner war in der ganzen Welt unterwegs auf der Suche nach Kehrgeräten. Der längste Besen ist wohl aber ein genuin bayerisches Exemplar. Ein kleiner, weicher, leicht schräger Pinselkopf sitzt auf einem langen, blauweiß geringelten, hölzernen Besenstiel. Der alleine von seiner Größe her majestätische Besen stammt aus dem Schloss Neuschwanstein und diente dort dazu,

die Spinnenweben aus den Zimmerdeckenecken zu kehren. Die Schwester der Museumseignerin hat ihn dort in der Ecke stehen sehen, dem Personal abgeschwatzt und mit der S-Bahn heimtransportiert. Möglicherweise waren die Schienen der Bahn davor mit einem weiteren großen Besen gereinigt worden. Beeindruckend ist er, der Straßenbahnschienenbesen.

Wenige der Besen stehen hinter Glas. Viele darf man sogar anfassen. Ein tibetanischer Besen allerdings steht zum Schutz in einem hohen Spaghettiglas; nicht zum Schutz des Besens, sondern zum Schutz der Besucher. Der stiellose, dunkle Besen wurde zum Ausreiben von Käsekesseln verwendet und stinkt bestialisch.

Auf der Welt werden die verschiedensten Materialien zur Besenherstellung verwendet. Aufgeschnittene Kokosnüsse dienen als Scheuerblocker, es gibt Schilfbesen, Bambusbesen, Besen aus Agavenfasern, aus Mohrenhirse, aus Affen- und Yakschwänzen und aus Reiswurzeln, dazu kommen die aus Nylon.

Ein Besen aus dem Senegal hat eine Hülse aus einer Konservendose, in die die Kehrborsten gesteckt wurden, das ist aber nicht das einzige Exponat aus Blech. An das Besenmuseum schließt sich eine Ausstellung von Spardosen und Blechspielzeug an. Besonders hervorzuheben ist der ehemalige Bayerische Ministerpräsident Franz Joseph Strauß. Er sitzt auf einem aufziehbaren Dreirad mit Klingel. In der Rechten hält er eine blau-weiße Fahne mit den olympischen Ringen, in der Linken einen Maßkrug. Hergestellt wurde das Sammlerstück allerdings nicht im Freistaat, sondern in Japan.

Adresse:
Christl Hirner
Am Hang 11
89312 Günzburg-Denzingen

Öffnungszeiten:
Fr 14–18 Uhr oder nach Vereinbarung unter Tel. 0 82 21/93 06 30 oder E-Mail: c.hirner@besenwelten.de

Anfahrt mit öffentlichen Verkehrsmitteln:
Vom Günzburger Bahnhof aus mit dem Bus 818 Richtung Krumbach bis zur Haltestelle „Krankenhausstraße“ (Fahrtzeit: 4 Min.).

Kuriositäten in der Nähe:
- Riesige, bunte Giraffenstatue „Monika“ bei Offingen
- Pasuzu extreme Flora – fleischfressende Pflanzen in Günzburg
- Kleinster, fahrbarer LKW der Welt von Sascha Gerstmayer in Burgau
- Totentanzdarstellungen an der Gottesackerkapelle in Babenhausen

Erschwertes Vergnügen

Bierkrugdeckelsammlung im städtischen Museum Gunzenhausen

Haben Sie sich auch schon gefragt, warum Bierkrüge diesen unzweckmäßigen Deckel haben, den man beim Trinken mit dem Daumen festhalten muss? Das hat damit zu tun, dass das Bier früher schneller schal wurde. Weil Holzfässer einen geringeren Druck aushalten als heutige Metalltanks, konnte weniger Kohlensäure im Bier erhalten werden. Das frühere Bier schäumte weniger und würde uns im Geschmack heute gelangweilt gähnen lassen. Um wenigstens nicht die wenige Kohlensäure gleich in die Luft verpuffen zu lassen, hoffte man mit den Deckeln das Bier abzudichten. Weiterer Vorteil: Im Biergarten fallen keine angeheiterten Wespen ins Glas und die Sonne heizt nicht sofort das kühle Nass auf.

Im Ersten Weltkrieg wurden in allen Haushalten des Deutschen Reichs die Bierkrugdeckel, die üblicherweise aus Zinn bestanden oder zumindest in Zinn gefasst waren, eingesammelt. Die Besitzer waren ja zumeist sowieso an der Front. Ab 1916 wurde um freiwillige Metallspenden gebeten. Nach der Verordnung vom 5. Januar 1917 hatten Gaststätten und auch Privatleute sämtliche zinnernen Bierkrüge oder zinnernen Deckelmonturen abzuliefern. Man brauchte das Zinn, um den Feind zu erschießen. Es gab zu der Zeit ohnehin immer weniger Bier, denn das Reich beschlagnahmte auch die kupfernen Braukessel in den Bierbrauereien.

Im Museum in Gunzenhausen sind in einer Vitrine kleine, schmuckvolle Porzellanplaketten gesammelt, die die eingeschmolzenen Bierkrugdeckel zierten. Manche zeigen Handwerksberufe, andere sind Suchbilder mit der Frage: Wo ist die zweite Katze, wo der zweite Jäger, wo der Gärtner? Auf einem Deckel muss man gleich vier Abbilder von Otto von Bismarck suchen. Das war der durchsetzungsstarke und mit den Jahren immer fülligere erste deutsche Reichskanzler, dessen Leibesfülle aber nicht auf Bier zurückging. Er bevorzugte Wein und putschte sich vor politischen Diskussionen mit Sekt auf. Über Bier sagte er: „Das Bier macht träge, anstatt die Nerven anzureizen. Es ist ein Zeittöter, es wird bei uns Deutschen mit wenig so viel Zeit totgeschlagen wie mit dem Biertrinken."

Ein Bierdeckel aus der Zeit vor 1871, also vor der Kanzlerschaft Bismarcks, verkündet in Eichenlaubdekor über einer realistisch gemalten Stubenfliege: „Wenn Deutschland einmal einig wird/Und a jungs schöns Mädl treu/Wenns viele Geld die Leut genirt/Ist alles Kreuz vorbei/Aber da hat's Mucken".

Der größere Teil der Bierkrugdeckel, die fast alle in sanften Pastelltönen gehalten sind, beschäftigen sich mehr mit Erotik als mit Politik. Ein begeisterter, spindeldürrer Herr lässt sich von einer fülligen Dame, deren üppige Figur durch einen gebauschten Rock mit violetter Bordüre betont wird, umarmen. Der Slogan lautet:

„Erschwertes Vergnügen“. Aber die Liebe erwischt, wen sie will. Das klingt auf einem anderen Deckel an, auf dem sich in schon etwas abgenutzter Schreibschrift lesen lässt: „D Lieb is a Büchsn/Ma sieht nur koa Gschoß/Kannst lang mait spiel'n/Und auf oamal gehts los“.

Nicht alle Sprüche sind so philosophisch und keusch. Sie enthalten auch Anspielungen auf Sexualorgane. So zeigt ein Bierdeckel einen Herrn mit einer Rübe in der Hand vor einer Dame im rosa Biedermeierkleid, der er eine eindeutige Botschaft zuflüstert: „Sie sind Freundin, meine Liebe,/von Rüben, falls sie nicht zu klein./Neunzöllig hier ist diese Rübe./Die wird doch recht genügend sein.“ Für die Männer zum Nachrechnen: Neun bayerische Zoll-Einheiten ergeben 21,9 Zentimeter.

Genauso deftig-sinnbildlich kommt ein Bierkrugdeckel daher, bei dem zwei Herren, ein jüngerer und ein Senior, einen hohlen Baum betrachten. Unterschrieben ist diese Szene mit: „Bei jedem Ding lässt sich im Stillen,/was denken je nach Wunsch und Willen./So denke auch bei dieser Spalte/an deine Junge – oder Alte“.

Wer hat wohl den Bierkrugdeckel geschenkt oder gekauft, der ein küssendes Paar auf einem grünen Sofa zeigt? Sie wirken ganz glücklich, doch der Reim gibt zu denken: „Die Frauen sind ein schönes Übel/Ein sanft und angenehmes Joch./Sie komm mir vor wie eine Zwiebel/Man weint dabei und isst sie doch.“

Also dann: Ein Prost auf die Liebe!

Adresse:
Stadtmuseum Gunzenhausen
Rathausstraße 12
91710 Gunzenhausen

Öffnungszeiten:
1. Mai bis 15. Oktober Di–So 10–12 und 13–17 Uhr, 16. Oktober bis 30. April Di–Fr 13–17 Uhr; Sonntage sowie Oster- und Pfingstmontag 10–12 und 13–17 Uhr.
Jeden Montag, 1. Januar, Karfreitag, Faschingsdienstag, Dienstage nach Ostern und Pfingsten sowie 23. bis 25. Dezember geschlossen.

Anfahrt mit öffentlichen Verkehrsmitteln:
Ab Treuchtlingen mit der Regionalbahn R8 bis Gunzenhausen (Fahrtzeit: 10 Min.), ab Pleinfeld mit der Regionalbahn R64 oder ab Ansbach mit der Regionalbahn RB 58127 (Fahrtzeit: 17 Min.), dann in 15 Min. zu Fuß in die Innenstadt.

Kuriositäten in der Nähe:
- Schäferwagenkirche in Muhr am See
- Wurst, nach eigenem Wunsch kreiert, in Rittersbach
- Merowingische Strumpfbandgarnitur im Museum für Vor- und Frühgeschichte in Gunzenhausen

Wer lebt wo?

Kontinente und ihre Tiere auf Fresken der Marienkirche in Haimhausen-Inhausen

Sie verlieren immer beim Tierquiz, bei dem man die Herkunft verschiedener Tiere nennen soll? Dann haben Sie vielleicht in der Marienkirche in Inhausen zu lange an die Decke gestarrt. Dort befindet sich ein Deckenfresko Johann Georg Dieffenbrunners, von dem man weiß, dass er sich gerne während der Arbeit gut von seinen Auftraggebern bekochen ließ, 19 Geschwister hatte und Wein liebte. Das Gemälde in Inhausen schuf er 1761. Es stellt Maria im Himmel von Engeln umgeben dar, die von Menschen aller vier damals bekannten Erdteile verehrt wird. In einer Ecke der Decke erkennt man die Europäer. An was? Unter ihnen ist der Papst, vor ihnen liegt auf einem Kissen die Kaiserkrone und sie stehen vor einem Nadelbaum. Dann ist da noch ein Hirsch und ein Pferd. Das Pferd ist wohl ursprünglich ein Tier Zentralasiens, aber schon lange bei uns eingebürgert. Akzeptiert!

Die Asiaten tragen Turbane, klar. Und die abgebildete schöne, reiche Frau hat oben einen goldenen Halbmond als Schmuck auf dem Kopf stecken. Die Tiere: Sie schauen lieb und haben kleine, runde Ohren und Zotteln am Hals. Es könnte sich um Kamele handeln.

Die Amis tragen Federkronen und sind teils oben ohne, sogar eine Frau ist barbusig in der Kirche zu sehen. Diese Unkeuschheit gleichen sie aber durch die um den Unterkörper gewickelten Stoffmassen wieder aus. Als typisch amerikanisch scheint der Alligator zu gelten. Das dargestellte Exemplar hat ein zahnbewehrtes Maul, das bis zum Rücken verläuft. In Amerika ebenfalls heimisch war zu Zeiten des Malers bemerkenswerterweise das Nashorn, das aus dem Bild aber über dem Nasenloch nur ein kleines Nasenhörnchen hat und im Wasser scheinbar ertrinkend nach Luft japst.

Die Afrikaner sind schwarz, lieben Perlen und haben eine extravagante Hutmode. Sie haben Maria Perlmuscheln dargebracht. Bei ihnen gibt es Palmen. Ihrem Elefanten wachsen die Stoßzähne aus den Mundwinkeln und der Rüssel ringelt sich wie ein Schweineschwänzchen.

Das Fresko ist nicht das einzig Sonderbare in der kleinen Kirche, die bereits im Jahre 829 als der Kirche zu Haimhausen tributpflichtig bezeichnet wird, aber mehrmals erneuert wurde. Unterstützt wurde das durch die Schlossherren von Haimhausen, die auch extra einen Benifiziaten bezahlten, der Messen für ihre Seele und die der Vorfahren in der Kirche lesen sollten. In den Visitationsakten steht aber, dass nicht alle Priester diese Aufgabe auch gewissenhaft erledigten. 1560 heißt es, der Benefiziat Meislmayr habe eine Geliebte, zeche gerne, sei nicht gut vertraut mit den geistlichen Texten und lese die Messe nicht, sonst aber sei an ihm nichts zu beanstanden.

Die Haimhauser Grafen hatten durch ihre Unterstützung der Kirche das Recht, sich nahe am Altar beerdigen zu lassen, denn je näher der Körper bei der Auferstehung dem Allerheiligsten sei, so meinte man, desto eher fahre er auf in die Ewigkeit. Freiherr Johann Albrecht, der 1659 starb, hatte vor seinem Tod die Restaurierung und Umgestaltung der im Dreißigjährigen Krieg stark zerstörten Kirche geplant. Sein Sohn Freiherr Franz Albrecht ließ sie ausführen. Vor dem Altar liegt wohl auch der Rumpf des Hanns genannten Johannes Albrecht. Auf einer schwarzen Tafel an der Wand steht: „Den 4. April AD. 1659 starb Hanns Albrecht von und zu Haimbhausen, Herr der Herrsch.(aft) Kuttenplan. Der Churf(ürstlichen) Drl(Durchlaucht). in Bayrn gewester Rent-Meister und Truchsess. Ist alda begraben. Dieser Todtenkopf aus sein Grab genommen und alhero gesetzt worden." Seit 1705 liegt der Schädel des Durchlauchten in einer Nische des Mauerwerks und schaut zum Altar.
Um nicht in den Verdacht zu geraten, uns mit fremden Federn zu schmücken, geben wir übrigens gerne zu, uns bei der exakten und schwer zu übertreffenden Beschreibung der Kirche durch Hans Schertl Unterstützung geholt zu haben.

Adresse:
Marienkirche
Graserweg 2
85778 Haimhausen-Inhausen

Information bei:
Bernhard Skrabal (Pastoralreferent)
Pfarrstraße 4
85778 Haimhausen

Öffnungszeiten:
Einen Schlüssel für die Marienkirche haben die Mesnerin, Frau Plank (im Bauernhof hinter der Kirche, Tel. 0 81 33/3 32) und Herr Dr. Gleißner (im Haus links vor der Kirche, Tel. 0 81 33/66 60).

Anfahrt mit öffentlichen Verkehrsmitteln:
Vom S-Bahn-Halt in Lohhof mit dem Regionalbus 693 Richtung Viehbach bis zum Schloss Haimhausen und von dort mit dem Regionalbus 723 Richtung Inhausermoos bis Inhausen (Fahrtzeit: mit Umstieg 35 Min.).

Kuriositäten in der Nähe:
- Förderung von bayerischem Erdöl in Hebertshausen
- Dionysiensammlung von Joseph Mayr in Palsweis
- Bürohaus mit Orgel in Gröbenzell

Wissen zaubern

Gabys Zauberland – ein Fachgeschäft für Hokuspokus in Hersbruck

Zaubern ist kinderleicht! Im Laden von Hundini zaubert sogar schon der bezaubernde Enkel mit seinem Opa. Am liebsten zaubert er weiße, süß schmeckende Gummimäuse aus einer Schachtel. Damit der Trick funktioniert, braucht er natürlich einen leuchtenden Zauberstab, der Geräusche macht! Und er darf auch das Pusten nicht vergessen. Kein Trick ohne das atmosphärische Drumrum. Ebenfalls für Kleine in seinem Alter interessant sind Zauberbilder. Die Kinder tippen lediglich mit einem Pinsel auf Gegenstände mit gewünschten Farben und dann auf ein weißes Bild mit schwarzen Konturen. Damit der Trick funktioniert, brauchen sie natürlich einen leuchtenden Zauberstab, der Geräusche macht! Und sie dürfen auch das Pusten nicht vergessen. Und Schwuppdiwupp – das Bild malt sich selbst aus.

Nicht alle Tricks richten sich an Kleinkinder. Hundini verkauft auch Zubehör für Tricks, die Große verblüffen. Wir staunten sehr, als der zaubernde Verkäufer ein Streichholz vor unseren Augen über eine Spielkarte schweben ließ – und als ein weißer Würfel plötzlich schwarz wurde. Herr Hund stellte die Materialien dazu früher selbst her, importiert sie nun aber zumeist aus Indien und China. Um zu wissen, wie die Tricks funktionieren, kauften wir die nötigen Utensilien mit einer vom Zauberer ins Deutsche übersetzten Anleitung, um beim Auspacken festzustellen: „Klar! Warum sind wir da nicht drauf gekommen?!“ Zaubern ist deswegen so reizvoll, weil Dinge geschehen, die nach gesundem Menschenverstand nicht geschehen dürften, und weil man sich nicht erklären kann, wie das zugeht. Zaubertricks regen dazu an, sich Gedanken zu machen, um sie zu durchschauen. Und darin liegt auch ihr Reiz für den Unterricht. Hundini ist nicht nur Zauberer, als Wolfgang Hund war er Leiter des Lehrerseminars und gibt immer noch Kurse, etwa zum zauberhaften Lernen im Sprachunterricht, in Mathe oder Physik. Seine Vorträge werden an Universitäten ebenso geschätzt wie in Grundschulen. Einige zauberdidaktische

Bücher und Hefte hat er für Lehrer verfasst. Aus aller Welt trägt er physikalische Spiele und verblüffende mathematische Phänomene zusammen und hofft auf diese Weise Wissen in die Schülerköpfe zu zaubern. Damit der Trick funktioniert, braucht er natürlich einen leuchtenden Zauberstab, der Geräusche macht! Und er darf auch das Pusten nicht vergessen. Dann strömen Wassertornados zwischen Kunststoffflaschen hin und her, greifen die Schüler in einem Doppelhohlspiegel ins Leere, erfahren etwas über Oberflächenspannung und begreifen die Wärmelehre anhand von Liebesthermometern.

Der Laden besteht seit fast 30 Jahren, seit 10 Jahren aber erst die Zauberabteilung mit kleiner Vorführbude. Es ist eng zwischen künstlichen Daumenspitzen, Blumen, die man aus dem Zauberstab schütteln kann, weichen Münzen, Telepathiekarten, magischen Dolchen, elektrostatischen Zauberstäben, schwebenden Coladosen, Geistertüchern, Knopflochstäben, Falschspielerwürfeln, zauberhaftem Eis am Stiel, Spiegelgläsern und Trickschlössern. Wem das alles zu chaotisch ist, der kann die Tricksereien auch im Internet bestellen und damit den bunten Abend oder die nächste Geburtstagsfeier begeistern. Üben muss man aber schon. Uns zumindest ist es nicht sofort gelungen, die erstandenen, roten Schaumgummikaninchen den Ort wechseln zu lassen und sie dazu zu bringen, sich in der Hand zu vermehren. Das mit dem Jungekriegen muss eben gelernt sein.

Wir hoffen, dass der Besuch des Ladens für Sie zum zauberhaften Erlebnis wird. Damit er funktioniert, brauchen Sie natürlich einen leuchtenden Zauberstab, der Geräusche macht! Und Sie dürfen auch das Pusten nicht vergessen.

Adresse:
Gabys Zauberland
Amberger Straße 8
91217 Hersbruck

Öffnungszeiten:
Mo–Fr 15–18 Uhr, Sa 10–13 Uhr. Im Rahmen der gesetzlichen Öffnungszeiten sind die Besitzer flexibel. Wer sich Zaubertricks von Wolfgang Hund („Hundini") vorführen lassen will oder Beratung im physikalischen Bereich wünscht, sollte eine Voranmeldung unter Tel. 0 91 51/47 16 vornehmen.

Anfahrt mit öffentlichen Verkehrsmitteln:
Vom Nürnberger Hauptbahnhof mit dem RE 3473 Richtung Hof bis Hersbruck (Fahrtzeit: 15 Min.).

Kuriositäten in der Nähe:
- Älteste Hopfenpflückmaschine Deutschlands in Neunkirchen am Sand

2424 km bis zum Nordkap

Der Fernwehpark in Hof

Wo liegt Berlin in unmittelbarer Nachbarschaft von Las Vegas? Wo ist in Würzburg und Auckland gleichzeitig Tag? Wo kostet eine Reise nach Melbourne kein Vermögen? Wo ist es zwischen Rio de Janeiro und Kulmbach nur ein Katzensprung? Wo braucht man in der Bronx garantiert keine Knarre? Ja! Im Fernwehpark in Hof an der Saale.

Reisen Sie preiswert, ohne Flugangst, ohne Seekrankheit, ohne in den Beinen wegen des langen Sitzens eine Thrombose zu fürchten! Schlendern Sie über den Broadway und nach Weimar, fotografieren Sie sich in Omsk oder in Nashville! Ein großer Teil der Welt wird in Hof auf einem Platz zusammengepfercht. Und man erkennt dort: Die Welt ist bunt. Die griechischen Ortsschilder sind weiß mit einem blauen Streifen über und unter dem Namen, fast wie die aus Österreich, welche blau umrandet sind. Man unterscheidet sie leicht von denen Vietnams mit rotem Rand. Die tunesischen sind weiß, aber schwarz beschriftet, die der Schweiz sind wie die thailändischen himmelblau mit weißer Schrift.

Viele Ortsschilder haben gleich zwei Schriften: Agadir grüßt auf Arabisch und Französisch. In Uchiko zeigt man auch denen, die die japanischen Zeichen nicht kennen, wo sie sind. Auch Bahir Dar kann man nicht verfehlen, falls man die äthiopischen Zeichen nicht entziffern kann. In Kiew nimmt man auf den ukrainischen und den russischen Teil der Bevölkerung Rücksicht. Das Schild aus Rostow am Don dagegen ist nur in kyrillischen Buchstaben beschriftet. Wenn Sie zu den vorhandenen noch das ergänzen möchten, das Sie im Urlaub in Batumi, Ankara oder Aleppo haben mitgehen lassen, können Sie es an der „Schildersammelstelle“ im Touristikbüro der Stadt Hof in der Ludwigstraße 24 abgeben. Dann wird auch Ihr Schild bald im Fernwehpark montiert. Der Park ist kein Park im herkömmlichen Sinn, es handelt sich mehr um einen Schilderwald. Dieser wächst auch noch weiter und macht in jeder Jahreszeit Spaß.

Neben den Ortsschildern gibt es auch solche, die Richtung und Entfernung zu bekannten Städten angeben. Auch wenn Sie in Hof schon frieren: Bis zum Nordkap sind es noch stolze 2424 Kilometer.

Amüsant ist die Sammlung verrückter Ortsnamen, etwa „Hundeluft“ im Kreis Anhalt-Zerbst, der Ortsteil „Jux“ der Gemeinde Spiegelberg im Rems-Murr-Kreis oder „Blödesheim“ bei Alzey. Auch „Killer“, das Sie vielleicht aus unserem Band über Baden-Württemberg kennen, ist vertreten.

Klaus Beer hatte nicht nur Quatsch im Kopf, als er anfing, Ortsschilder zu sammeln. Er schreibt über den Platz: „Er nimmt, über alle weltanschaulichen Grenzen hinweg, eine klare Position gegen Fremdenfeindlichkeit und Rassismus ein und setzt ein Zeichen für Toleranz gegenüber Mitmenschen und eine weltoffene Bundesrepublik.“ Bedeutende und weniger bedeutende Zeitungen in aller Welt berichten immer wieder über den Park, sogar die AOK Mitarbeiterzeitung sowie der Birnbacher Kurspatz brachten schon Artikel darüber, auch die Time Value Mail, die deutschsprachige Zeitung für Südkalifornien, nahm sich des Themas an. Die Fanzeitung von Siegfried und Roy darf an dieser Stelle nicht fehlen – wir schließen uns hier bescheiden an.

Wer im Fernwehpark Heimweh nach dem Fernsehsessel bekommt, wird mit den vielen Schildern der Promis entschädigt. Wer etwas sehr Wohltätiges vollbracht hat oder sich für einen guten Zweck stark macht, darf ein Schild mit seinem Autogramm in den Schilderwald hängen. Die ganze Angelegenheit ist auf jeden Fall total friedvoll. Geplant ist auch ein Boulevard der Humanität, eine Art Walk of Fame in Richtung Weltfrieden. So richtig mit feierlichen Handabdrücken der Sternchen und so weiter.

Ein kleiner Star kann jeder im Fernwehpark werden. Schilder (was sonst) weisen darauf hin, der Platz sei videoüberwacht. Auf der Homepage des Fernwehparks sind die Aufnahmen der Webcam zu sehen. Und dort kann man auch den Menschen auf der ganzen Welt aus Hof zuwinken.

Adresse:
Fernwehpark
Graben 26
95028 Hof/Saale

Öffnungszeiten:
Der Platz kann ganzjährig und ganztägig besucht werden.

Anfahrt mit öffentlichen Verkehrsmitteln:
Ab Hauptbahnhof Hof mit dem Regionalbus V-21 Richtung Plauen bis zur Haltestelle „Unteres Tor“ (Fahrtzeit: 9 Min.).

Kuriositäten in der Nähe:
- Längster handgewebter Schal der Welt im Textilmuseum Helbrechts

Dresden als Kleinstadt

Museum für Streichholzmodelle von Harald Wirth in Hof

Harald Wirth hat schon im Alter von 10 Jahren für den Modellbau mit Streichhölzern Feuer gefangen und eine Westernstadt aus diesem ersten Bauabschnitt des Lebens ist auch in seinem Museum ausgestellt. Seine Freude an Feinarbeiten und dem Umgang mit kleinen Werkzeugen hat der im Januar 1959 geborene Tüftler 1974 zum Beruf gemacht, allerdings sind die Zahnprothesen, die der Zahntechniker anfertigt, nicht mehr aus Holz – wie noch die des US-amerikanischen Präsidenten Washington es waren.
Seine Nächte verbringt Wirth nicht im Bett, sondern zu großen Teilen im Keller. Dort baut er Modell für Modell und besitzt heute die größte Sammlung von Streichholz-Fahrzeugen weltweit. Erstaunlicherweise sind die sogar fahrtüchtig. Bei einem Harley-Davidson-Motorrad sind sogar die 3 Millimeter langen Kettenglieder aus Streichhölzern geschnitzt. Die Kette dreht sich, wenn man die Harley mit ihren ebenfalls beweglichen Rädern über eine Fläche fahren lässt. Selbst der Starter ist mit einer kleinen Feder versehen und schnellt zurück, wenn man ihn mit dem Zeigefinger leicht kickt.
Ein maßstabsgetreuer Mercedes 300 SL wirkt auch in klein ziemlich luxuriös. Er ist mit Ledersitzen ausgestattet. Verblüffend ist der Blick unter das Auto, denn die Lenkung ist aus hauchdünnen Streichholzelementen zusammengefügt. Das Verdeck des Daimler-Benz-Cabriolets ist beweglich und lässt sich schließen. Nass werden sollte es dennoch nicht. Das zeigte eine von RTL produzierte Comedy-Serie, die

Das Zündholzmuseum Grafenwiesen

Der Bayerische Wald war einst ein Schwerpunkt der Zündholzproduktion und Grafenwiesen ist ehemaliger Produktionsstandort der Zündholzfabrik Allermann. Die Gemeinde Grafenwiesen zeichnet in einer Dauerausstellung den Weg vom Kleingewerbe zur industriellen Zündholzproduktion nach. Das Museum zeigt eine Spezialsammlung von Zündholzbehältnissen in großer Vielfalt und aus verschiedensten Materialien. Die Streichholzschachtel als solche wird als das „kleinste Werbeplakat der Welt" zum Schwerpunktthema des Museums. Wechselnde Ausstellungen zeigen die unerschöpfliche Vielfalt von Zündholzetiketten. (Zündholzmuseum Grafenwiesen, Schönbuchener Straße 31 (im Arzthaus), 93479 Grafenwiesen; Infos bei der Gemeinde am Rathausplatz 6).

den Titel „Alles Atze“ trug. In der Folge „Die Schiffbrüchigen“ hatte das von Herrn Wirth aus 2400 Streichhölzern nachgebaute Segelschulschiff der Bundeswehr, das auch im Museum steht, seinen Auftritt – und Untergang, denn das Schiff erleidet einen Wasserschaden und wird zerstört. In der Serie versuchen die Verursacher der Schiffskatastrophe das Schiff innerhalb von vier Tagen wieder zusammenzubauen. In die Gorch Fock hat Herrn Hirth indes 380 Stunden Arbeit investiert.

Wenn man den perfekt vom Kunststoffmodell nachgearbeiteten Ferrari F40 sieht, in dem 640 Stunden Arbeit und 3700 Streichhölzchen stecken, oder die Schnellzuglokomotive mit 61 beweglichen Teilen, kann man nicht anders, als die Präzision zu bewundern, mit der sie geschaffen wurden. Man fragt sich unweigerlich, warum jemand bereit ist, so viel Lebenszeit aufzubringen für etwas, was ohne jeden Nutzen ist.

Besonders faszinierend ist der Nachbau eines Dresdner Stadtteils mit der Frauenkirche. Man könnte mit der Kamera durch die Gassen fahren und dort mit Puppenhausfiguren einen Film drehen: Aus jedem Blickwinkel wäre die Illusion perfekt: Sogar Bauverzierungen und Fenstersprossen sind aus Streichholz angefertigt. Künstler war Arwed Ecknig, der 2006 verstorben ist. Seine Tochter übergab die Miniaturgroßstadt dem Museum.

Wem sich die Frage stellt, wie viel der Museumsbesitzer wohl rauchen mag, um genug Hölzchen zu bekommen. Gar nicht! Der Modellbauer bezieht die Hölzchen direkt vom Hersteller – ohne Reibeköpfchen. Normale Zündholzschachteln landen nicht auf dem Basteltisch, sondern höchstens als Ausstellungsstücke an der Wand. Harald Wirth besitzt eine 600 Exemplare umfassende Sammlung von Streichholzschachteln.

Adresse:
Harald Wirth
Georg-Könitzer-Straße 19
95028 Hof/Saale

Öffnungszeiten:
Fr 15–18 Uhr. Terminvereinbarungen für Gruppen unter Tel. 0 92 81/14 05 34.

Anfahrt mit öffentlichen Verkehrsmitteln:
Ab dem Hofer Hauptbahnhof mit dem Stadtbus 8 Richtung Lindenbühl bis zur Haltestelle „Hof Busbahnhof“, dort umsteigen in den Stadtbus 7 Richtung Fachhochschulen. Ausstieg an der Endhaltestelle (Fahrtzeit: mit Umstieg etwa 18 Min.).

Kuriositäten in der Nähe:
- Institut für konstruktive Kunst in Rehau

Volle(r) Kanne(n)!

Das erste deutsche Kaffeekannenmuseum in Jandelsbrunn

Das Kaffeekannenmuseum von Josef Freund ist schon von außen als solches zu erkennen. Das zweigeschossige Gebäude mit roten Tondachziegeln, Blumenkästen und Fensterläden ist geschmückt mit 3000 an diagonalen Balken vor der Fassade baumelnden Kannen in allen Farben. Abgestaubt werden sie nie, sagt der Inhaber. Das erledigt der Schnee, der im Winter den Schmutz des Jahres von den Kannen wäscht. Wir werden die Idee aufnehmen und im kommenden Winter unser Schmutzgeschirr raus in den Schnee stellen.

Der Innenraum wäre der Horror für jede Reinigungskraft. Kostbare und weniger kostbare, aber allesamt zerbrechliche Exponate stehen da in Reih und Glied auf den Regalen vom Boden bis zur Decke. Zum Glück hat Franz Freund einen 195 Zentimeter großen, jugendlich-beweglichen Enkel, der seinem Opa bei der Raum- und Kannenpflege hilft und auch ab und an auf Bayerisch Gäste durch die Sammlung der 10 000 Kannen führt.

Zu den kostbaren Exemplaren gehören innen vergoldete reine Silberkannen. Spezialist für die Herstellung teuerster Gedecke für Fürstenhäuser war die ungarische Manufaktur Herend. Das Service mit dem Doppeladler hat nur vier Tassen. Es war

Kleine Kaffeegeschichte

In Deutschland war der Kaffee bis zum 19. Jahrhundert eine Kostbarkeit, die sich nur die Reichen leisten konnten, denn er musste teuer importiert werden. Aber auch in Arabien hat sich der Genuss von Kaffee erst in der Mitte des 15. Jahrhunderts durchgesetzt, möglicherweise zuerst als Heilmittel, nicht allein zum Genuss. Um diese Zeit begann der Anbau des Kaffees. Im Jahre 1454 soll ein Scheich namens Gemaleddin in Jemen erste Kulturen mit Samen oder Pflanzen aus Abessinien angelegt haben. Pilger aus den islamischen Ländern lernten den Kaffee in den von ihnen bereisten Städten Mekka und Medina kennen. Die Osmanen, die neben dem Jemen auch Mekka und Medina eroberten, verbreiteten den Kaffee in ihrem gesamten Reich. 1554 wurde das erste Kaffeehaus in Konstantinopel eröffnet. Anfangs brachten Reisende kleine Mengen Kaffee auch nach Europa mit, doch allgemein bekannt wurde das schwarze Getränk erst im 17. Jahrhundert, als erste Handelshäuser die Bohnen nach Italien und Holland einführten. Die Bayern blieben lange lieber beim Bier. In München eröffnete erst 1699 der Hofzuckerbäcker Claudius Surat das erste Kaffeehaus.

gedacht für die adeligen Eltern nebst ältestem Sohn und ältester Tochter. Die jüngeren Geschwister mussten ihre Koffein-Brühe aus billigeren Tassen trinken.
Dem Betrachter gehen die Augen über vor Streublümchen und Teerosen, Goldornamenten und Fünfzigerjahrekaros. Das meiste mag kostbar sein, ist aber doch eher klassisch-konventionell in Form und Dekor. Da gibt's französische Schlangenhalskannen und ostdeutsche Schraubkannen, Altwasserkannen, Namenskannen und Melittakannen in beruhigenden Pastellfarben, die die aufweckende Kaffeewirkung zunichte machen, und bulgarische Teeverdampfer, Elektroheizkannen mit Innenspirale, radioaktive kobaltblaue Kannen aus Russland und böhmische Perlmuttkannen. Dazu kommen Puppenservice und Bierseidel, etwa einen, der an eine Wanderung mit Franz Joseph Strauß erinnert.
Aus der Reihe fällt eine Kanne in der Form eines gedrungenen Feuerwehrmannes, dessen Leibesfülle vermuten lässt, dass er den Kaffee gerne mit drei Stückchen Würfelzucker süßt. Sein von schwarzer Uniform mit Goldknöpfen umhüllter Bauch ist hohl. Der Deckel ist als rundes, verschmitzt lachendes und von einem Vollbart umgebenes Gesicht geformt. Damit man den Deckel besser abheben kann, trägt der Feuerwehrmann einen roten, oben in einem Knubbel endenden Helm. In seiner Linken hält der Kerl den Spritzschlauch so, dass sich ein Henkel ergibt. Mit der Rechten hat er das Schlauchende umklammert. Hieraus ergießt sich das durstlöschende Nass in die Tasse.
Leider gibt es im Museum kein Café, denn der Besuch macht Kaffeedurst. Ein Museumsshop befindet sich aber neben dem Museumsgebäude. Es gibt dort allerdings keine Kannen – nur Holzbrettchen, auf die man sie stellen kann, um die Tischdecke vor Kleckerflecken zu schützen.

Adresse:
Erstes Deutsches Kaffeekannenmuseum
Josef Freund
Rosenberg 25
94118 Jandelsbrunn

Öffnungszeiten:
Täglich 8–18 Uhr.

Anfahrt mit öffentlichen Verkehrsmitteln:
Vom Passauer Hauptbahnhof mit dem Bus 6122 Richtung Haidmühle bis Lassberg (Fahrtzeit: 65 Min.). Von dort zu Fuß 1,7 km über die Assbergermühle zum Rosenberg.

Kuriositäten in der Nähe:
- Wippgalgen im Hexenmuseum Ringelai
- Sammlung 3000 salzlasierter Bierkrüge in Neureichenau

Das uralte Kind

Mumie der Prinzessin Anna in der Kirche St. Peter in Kastl

Nicht nur in Ägypten gibt es Mumien! In der Kirche St. Peter auf der Klosterburg von Kastl wird die Mumie einer kleinen Prinzessin aufbewahrt. Sie stammt aus dem Haus der Wittelsbacher.

Prinzessinnen hatten es im Mittelalter nicht so leicht. Sie lebten nicht in Schlössern und wurden nicht in rosa Kutschen mit gläsernen Fenstern und goldenen Speichenrädern durch den Park gefahren. Zumindest Prinzessin Anna war wohl in ihrem kurzen Leben ziemlich viel unterwegs, denn Papa Ludwig IV. der Bayer herrschte nicht nur über Bayern, sondern auch über verschiedene Gebiete am Rhein. Außerdem hatte er sich zum König wählen lassen, womit längst nicht alle Landesteile einverstanden waren. Das Reisen im Tross durch Wind und Regen war nicht komfortabel und für kleine Kinder nicht ohne Risiko. Die kleine Anna ist 1319 an einer Erkältung gestorben. Ihre Mutter Beatrix von Schlesien-Glogau war auf dem Weg nach Holland und musste die Leiche des Kindes auf der Durchreise in Kastl lassen, wo sie mit dem kranken Kind und den Geschwistern Ludwig und Mechthild hinter ihrem Gatten zurückblieb. Sie übergab ihr totes Kind den Benediktinermönchen in der Klosterburg und gab ihnen die Aufgabe, es in ihrer Kirche zu bestatten. Sie mumifizierten den Körper, ohne ihn zu öffnen. Alle inneren Organe wurden mit konserviert. Das Kind wurde in einen Zinnsarg eingelötet und in einem Hochgrab im Kircheninneren bestattet. Dort verbrachte die Mumie ziemlich ungestört die nächsten 400 Jahre.

Mumien

Ägyptische Mumien sind sehr bekannt. Die Einbalsamierungstechniken der Ägypter sind legendär und archäologisch genau untersucht. Doch auch andere Völker haben Mumien hervorgebracht, wenn die Leichen auch durch trockenes Klima automatisch auf natürliche Weise mumifizierten und eher als mumifizierte Leichen zu erachten sind.

Doch die kurioseste Form der Mumifizierung ist die Selbstmumifizierung. Buddhistische Mönche verblieben so lange ohne Nahrung und Wasser im Zustand der Meditation, bis sie starben. 1976 fand man nach einem Erdbeben in Tibet einen getrockneten Mönch in sitzender Haltung mit einem Meditationsgürtel, welcher auf geheimnisvolle Versenkungstechniken hinwies.

In der Zwischenzeit aber war das Benediktinerkloster 1560 aufgelöst worden, denn die Region wurde evangelisch. 1636 kam Maximilian von Bayern an die Macht, erzkatholisch und entschlossen, den alten Glauben wieder zu festigen – und sei es mit Gewalt. Er übergab die alte Klosterburg wieder einem Mönchsorden, aber nicht den gemütlichen Benediktinern, sondern den papsttreuen, umtriebigen Jesuiten. Die modelten die Kirche um, gestalteten sie barock und siedelten die kleine Mumie in einen Wandschrank um. Da hatte die Mumie ihre Ruhe bis 1966, als ein geschäftstüchtiger Pfarrer nach Kastl kam und den Schrank mit der Mumie außerhalb der kühlen Kirche ins Paradies stellte. Der Schrank wurde elektrifiziert und alle Schaulustigen konnten gegen den Einwurf einer Münze die Mumie beleuchten lassen. Der Name Paradies verheißt angenehme Bedingungen, in Wirklichkeit aber schwankt dort die Temperatur zwischen –5 und +25 °C. Das ist nicht gut für die kleine Prinzessin, so Ortsheimatpfleger Hermann Römer.
Eine Filmgesellschaft aus den USA besuchte 2002 die tote Prinzessin, um eine Folge der Serie „Die Straße der Mumien" zu drehen, in der Mumien aus der ganzen Welt und auch Deutschland gezeigt werden sollten. Es waren Mumienexperten dabei, die dringend rieten, die Prinzessin untersuchen zu lassen und bei Bedarf umzubetten. Die Untersuchung des 58 Zentimeter großen Kinderkörpers ergab, dass Anna 12 bis höchstens 15 Monate alt wurde. Wenn sie weiter ohne Klimatisierung aufbewahrt wird, werden ihr Haare und Zähnchen ausfallen. Wir wünschen ihr, dass sie nicht im Schrank zerfällt, sondern dass spätestens bei Erscheinen dieses Buches das Prinzesschen ein schönes, fürstlicheres Plätzchen bekommen hat.

Adresse:
Kirche St. Peter
Klosterburg
92280 Kastl

Öffnungszeiten:
Wann die Mumie wieder besichtigt werden kann, erfährt man im Pfarrbüro unter Tel. 0 96 25/2 82 oder bei Hermann Römer, Ortsheimatpfleger der Gemeinde Markt Kastl, Amberger Straße 4 A.

Anfahrt mit öffentlichen Verkehrsmitteln:
Vom Bahnhof in Amberg mit dem Regionalbus 460 Richtung Neumarkt (Oberpfalz) bis zur Haltestelle „Kastl Berghof" (Fahrtzeit: 25 Min.).

Kuriositäten in der Nähe:
- Luftmuseum Amberg
- Asphaltkapelle Etsdorf

Die Mitte am Ende der Welt

Erdachseschmiermittel in Kirchenlamitz-Hohenbuch

Heiß soll er sein, der Mittelpunkt der Welt. So kann man es in Erdkundebüchern lesen. Und gerade auch wegen der Wärme kommen vereinzelt Besucher nach Hohenbuch, wo sich die Mitte der Welt befinden soll. Man kann sich dort in ein 42 °C warmes Heubad legen, die Ruhe genießen, Ringelblumenduft einatmen und sich nach der Wellnessbehandlung abrubbeln lassen.

Nichts stört die Ruhe in der Mitte der Welt, außer vielleicht ab und an ein Heuwender oder ein bellender Hund. Hohenbuch ist kein urbanes Zentrum, man setzt eher auf die Landwirtschaft. Der Stein, der darauf hinweist, dass man sich in der Mitte der Welt befinde, steht am Löschteich des winzigen Weilers. Daneben befindet sich eine Bankgruppe, von der aus man die Enten füttern kann, und eine Milchkühlung, in die man ehedem die Kannen stellte, um die Milch mit sprudelndem Quellwasser frisch zu halten, bis das Milchauto kam. Noch 1980 gab es im ganzen Ort nur ein einziges Telefon. Und bis zum heutigen Tag prangt das Telefonschild an einem Gebäude. Die Haustüre des Besitzers stand selbst nachts offen, damit jeder, der einen Tierarzt benötigte, telefonieren konnte. Wurde jemand angerufen, musste der Anrufer eventuell lange warten, ehe der Angerufene an den Apparat geholt war.

Kurt Deistler, der der Mitte der Welt am nächsten wohnt und landwirtschaftliche Dienstleistungen anbietet, weiß zu berichten, dass die Bewohner von Hohenbuch wegen eines markgräflichen Vermessungspunktes auf die Idee kamen, der Welt

Filmtipp: Stanislaw Muchas „Die Mitte“

Ein wunderbarer, informativer und zugleich humorvoller Film über die verschiedenen Orte, die sich als Europas Mitte ansehen, ist dem Regisseur Stanislaw Mucha gelungen. Er nimmt seine Interviewpartner ernst und doch ist der Film durch und durch komisch. Das Filmteam war in Krahule in der tschechischen Republik, im polnischen Krutno, im aus anderem Kontext bekannten Braunau am Inn und in Purnuskes in Litauen. Der Film, der die Mitte zu zeigen vorgibt, begibt sich dabei in Randgebiete und zeigt das Leben in den abseitigsten Gebieten Europas.

Zentrum zu sein. Hohenbuch lag an der Handelsstraße nach Eger. Wenn von hier aus die Welt vermessen wurde, war es folgerichtig logisch und nicht vermessen, sich als deren Achse anzusehen. Heute ziert den Hinweisstein ein Schmiernippel, an dem jedes Jahr zur Kirchweih die Erdachse mit Erdachsschmiermittel abgeschmiert wird, damit der Globus nicht quietscht und eiert. Wir sollten den Menschen, die in Hohenbuch leben, dafür Dank spenden, indem wir ihre Mitte besuchen. Das genaue Rezept der Erdachsschmiere ist das Geheimnis der Hohenbucher. Sie enthält einen nicht geringen Anteil Alkohol, so viel ist sicher.
Das Spezialschmiermittel wird nur in Hohenbuch hergestellt und ist eine Kuriosität für sich.
Als ältestes Beweisstück für den Mittenmythos besitzt Herr Deistler Postkarten aus der Zeit um 1900. Eine wurde 1916 geschrieben. Sie zeigt das Hotel Bellevue, darunter steht: „Hohenbuch im Fichtelgebirge, Mittelpunkt der Welt". Damals florierte das Hotel noch. Sogar Reisebusse machten Station in Hohenbuch. Doch der Glanz währte nicht für immer und es wurde stiller an dem Punkt, um den sich die Welt dreht.
Das Hotel machte um 1960 dicht, als sich der Tourismus eher in die Randgebiete unseres Planeten verlagerte und junge Leute begannen, in Indien die persönliche Mitte zu finden, statt in den deutschen Mittelgebirgen danach zu suchen. Inzwischen kommen aber wieder vermehrt Reisende, hauptsächlich auf Motorrädern und Fahrrädern, um ein Beweisfoto zu schießen, dass sie sich in der Mitte der Welt aufhalten.

Adresse:
Dorfgemeinschaft Hohenbuch
Kurt Deistler
Hohenbuch 5
95158 Kirchenlamitz-Hohenbuch

Öffnungszeiten:
Das Hinweisschild ist frei zugänglich.

Anfahrt mit öffentlichen Verkehrsmitteln:
Von Hof Hbf. mit dem Zug Richtung Weiden (Oberpfalz) bis zum Bahnhof Kirchenlamitz-Ost (Fahrtzeit: 44 Min.). Von hier 3 km zu Fuß.

Kuriositäten in der Nähe:
- Größte Kaffeekanne der Welt in Selb

$$Ca(OH)_2 + CO_2 \rightarrow CaCO_3 \downarrow + H_2O$$

Der wachsende Felsen in Landau an der Isar-Usterling

Kalkhaltiges Wasser ist unangenehm. Brüht man Tee mit kalkhaltigem Wasser auf, entsteht eine weißlich aussehende Haut auf der Oberfläche des Tees und er schmeckt eklig. Man braucht bei hartem Wasser mehr Badeseife, damit man im Schaum planschen kann – und man muss mehr Waschmittel für die Wäsche verwenden. Die Wasserhähne verkalken und der Wasserkessel bekommt weiße Ränder. Für was also ist kalkhaltiges Wasser gut?

Wer kalkhaltiges Wasser trinkt, bekommt seltener Herz- oder Gefäßerkrankungen. Dies mag ein Grund sein, warum das Wasser von der Steinernen Rinne als heilkräftig gilt. Sicher trägt aber auch die beeindruckende Form des wachsenden Felsens dazu bei. Mitten im Wald steht eine in Bögen verlaufende Wand, auf der oben in einer bemoosten Rinne ein winziges Bächlein fließt, das am Ende des Felsens als kleiner Wasserfall abstürzt. Die hohe Rinne ist umgeben von einem Laubmischwald aus Eschen, Bergahorn und Rotbuchen. Im Frühjahr, ehe die Bäume ihre Blätter austreiben, blühen die zarten lila Leberblümchen und weißen Buschwindröschen neben gelben Schlüsselblumen. Im Frühsommer riecht es rund um den Felsen nach Maiglöckchen. Im Herbst leuchten die Beeren des giftigen Seidelbasts. An dem fast 40 Meter langen, wie ein welliger Vorhang im Wald liegenden und je nach Lichteinfall unterschiedlich gefärbten Naturwunder führt ein kleines Treppchen nach oben zu seinem Beginn.

Die Rinne liegt teilweise über 5 Meter hoch – und der Felsen wächst weiter: zwei bis drei Zentimeter pro Jahr. Vermutlich begann sich die Rinne vor 5000 Jahren zu bilden. Bereits vor über 500 Jahren galt der wachsende Felsen als Besonderheit. In der Johanniskirche in Usterling zeigt ein Relief, wie Johannes der Täufer Jesus tauft, doch nicht am Jordan, wie es der biblischen Überlieferung entspräche, sondern der Künstler schnitzte ein Relief der Steinernen Rinne. Es ist die älteste Darstellung, die nachvollziehen lässt, wie der Felsen vor 500 Jahren ausgesehen hat – und wie er seitdem wuchs. Die Menschen helfen beim Wachsen übrigens nach Kräften. Im Winter wird das Rinnsal umgeleitet, um zu verhindern, dass die Rinne Frostschäden bekommt.

Warum wächst ein Fels? Die, die es kurz und knapp wünschen, finden oben die – naja, nicht ganz lupenreine – chemische Erklärung. Für die Langsamen und die Formelmuffel: Wenn kalkreiches Grundwasser unaufhörlich an die Oberfläche steigt und dort hervorquillt, entstehen sogenannte Quellkalke. Durch Erwärmung und den verminderten Druck gibt das Wasser das in ihm gelöste Kohlendioxid (CO_2) ab. Außerdem wirkten an der Entstehung der Steinernen Rinne Moose und Algen mit. Sie benötigen für die Zellatmung Kohlendioxid, das sie ebenfalls dem Wasser entziehen. Durch den Entzug des gasförmigen Kohlendioxids entsteht nun im Wasser das schwer lösliche Kalziumkarbonat ($CaCO_3$), das als Quellkalk abgeschieden wird.

Da Pflanzen für ihr Wachstum auch Licht benötigen, wachsen diese wiederum über die entstehenden Kalkkrusten hinaus. Nicht das Wasser gräbt sich also ein, vielmehr bauen sich Pflanzen und Kalk wechselseitig zu einem Damm auf, auf dem das Bächlein weiterfließt.

Ein Tipp: Entkalken Sie seltener Ihren Wasserkocher. Vielleicht entsteht ein neues Naturwunder.

Informationen:
Stadt Landau an der Isar
Kulturamt/Öffentlichkeitsarbeit
Oberer Stadtplatz 1
94405 Landau a.d. Isar-Usterling

Öffnungszeiten:
Die Steinerne Rinne ist frei zugänglich.

Anfahrt mit öffentlichen Verkehrsmitteln:
Vom Bahnhof in Landau (Isar) mit dem Bus 6232 Richtung Dingolfing bis zur Haltestelle „Weilnbach, Abzweigung“ (Fahrtzeit: 11 Min.), von hier in nördlicher Richtung zu Fuß 2 km zum wachsenden Felsen.

Kuriositäten in der Nähe:
- Älteste Zeichnung Bayerns, eine Mammutabbildung im Vorgeschichtsmuseum in Landau an der Isar
- Tipiwerkstatt Pading

Rechte Schuhe

Schuhlöffel-, Stiefelknecht- und Schuhsammlung der Familie Pflanz in Landsberg

In dem Museum der Familie Pflanz im ersten Obergeschoss eines Altstadthauses könnten Tausendfüßler sich einkleiden, so viele Schuhe sind hier zu sehen.
Beim Anziehen könnten sie sich der Schuhlöffel der größten Schuhlöffelsammlung der Welt bedienen, die in einem Nebenraum untergebracht ist. Dann müssten sie entscheiden, ob sie auf's Eis gehen wollen. Dazu sind die Schlittschuhe angemessen. Aber es gibt noch viel ausgefallenere Spezialschuhe. Der riesige Schuh mit der Bleisohle, einer metallenen Zehenschutzkappe und Schnürsenkeln, die die Dicke eines kräftigen Seiles haben, wurde für Brückenreparaturen hergestellt, bei denen der Handwerker festen Halt im Wasser benötigt. An Land kommt man damit sicher kaum 100 Meter weit.
Die Schuhe des Museums sind gebraucht. Der weitgewandertste aber ist wohl der, den ein Wehrmachtssoldat, Ferdinand Gossner, trug, als er aus der russischen Kriegsgefangenschaft entfloh. Er kam zu Fuß aus Russland in seine Heimat. Auch die letzten Wanderschuhe des Bergsteigers und Filmemachers Luis Trenker haben, wie zu erwarten, Gebrauchsspuren.
Es gibt aber nicht nur Outdoorstiefel zu sehen. Die Seidenschuhe in hellem Beige mit kleinem Absatz und einer schwarz gemusterten, runden Applikation, die König Ludwig II. 1864 zu seinem Zeremonial-Ornat trug, eignen sich absolut nicht für feuchte Pfade. Da wirken sogar die schlichten, schwarzen, aus Leder gefertigten Hausschuhe robuster, die Prinzregent Luitpold von Bayern trug, der die Regierungsgeschäfte übernahm, nachdem König Ludwig II. sich zu regieren weigerte und man ihn deswegen für geisteskrank hielt. Die Schuhe, die der bayerische Beinahekönig Franz Joseph Strauß auf Staatsempfängen trug, haben eine stabile Sohle, mit der er sich auf internationalem Parkett bewegte. Auch Helmut Schmidt schickte dem Museum auf Anfrage von Herrn Pflanz ein Paar Schuhe zu. Sie sind schwarz und schaffen in dem Museum eine Art wohltuenden politischen Ausgleich zu den in der Vitrine gegenüber ausgestellten handgearbeiteten Trachtenschuhen von Ilse Hess, der Gattin von Rudolf Hess. Sie hatte eine gewisse Beziehung zu Landsberg. Hier hat sie die von Adolf Hitler diktierten und von Rudolf Hess geschriebenen Manuskripte zu „Mein Kampf" im Gefängnis abgeholt, in dem die beiden 1924 einsaßen. Sie tippte sie ab und sorgte so für die Veröffentlichung. Auch ein paar Schuhe von Magda Göbbels, dem großen Vorbild für Nazimütter, wird im Museum gezeigt. Sie war zwar nicht mit Adolf Hitler verheiratet, sondern mit dem Propagandaminister, dennoch hatte sie die Rolle der First Lady inne. Wie wichtig ihr die Mode war, sieht man auch an den Schuhen in Landshut. Ihr Mann sagte dazu:

„Die Frau hat die Aufgabe, schön zu sein und Kinder zur Welt zu bringen. Das ist gar nicht so roh und unmodern, wie es sich anhört, die Vogelfrau putzt sich für den Mann und brütet für ihn die Eier aus. Dafür sorgt der Mann für die Nahrung, sonst steht er auf der Wacht und wehrt den Feind ab."
Das Museum zeigt neben Sandaletten Größe 7 in orange von Leni Riefenstahl auch neuere Exemplare wie die signierten, weißen Schuhen Mike Krügers, spitze Kakerlakentreter Stefan Raabs, feuerwehrrote Rennfahrerschuhe Michael Schumachers und rotsandige Tennisschuhe Steffi Grafs. Es gibt Tennisschuhe Michael Stichs zu sehen, Fußballschuhe von Lothar Matthäus und, unter anderem, glänzende Pumps von Conny Froboes, graue Sandalen von Marika Röck, schwarze Herrenstiefeletten von Peter Kraus, staatstragende Schuhe von Helmut Kohl und Mokassins mit weißen Bommeln von Roberto Blanco.
Die kleinen Schuhe im Vitrinentisch sind nicht für Kinder. Es handelt sich um Schuhe für Lotusfüße. Noch Anfang des letzten Jahrhunderts brachen in China Mütter ihren Töchtern alle Zehen- und Fußknochen, um die Zehen unter den Fuß zu binden. Gleichzeitig wurde der Mittelfußknochen zertrümmert. Nur der große Zeh durfte vorstehen. Die Füße wurden straff bandagiert, um zu verhindern, dass er weiterwächst. Verkrüppelte Füße galten als erotisch und Frauen ohne belastbare Füße waren als Ehefrauen begehrt, denn sie konnten das Haus nicht verlassen. Sie hätten wohl auch Mühe, das Museum zu betreten, denn es gibt keinen Aufzug.

Adresse:
Schuhmuseum Pflanz (über Schuhhaus Pflanz)
Vorderer Anger 274
86899 Landsberg

Öffnungszeiten:
Wochentags geöffnet für Besucher nach telefonischer Vereinbarung unter Tel. 0 81 91/4 22 96. Sonntags geschlossen.

Anfahrt mit öffentlichen Verkehrsmitteln:
Vom Bahnhof in Landsberg mit dem Regionalbus 3 (Stadtverkehr) bis zur Haltestelle „Hinterer Anger" (Fahrtzeit: 4 Min.).

Kuriositäten in der Nähe:
- Werkstatt für Keuschheitsgürtel in Germeringen
- Zweitlängster Uhrpendel der Welt im Turmuhrenmuseum Mindelheim
- Sittenspiegel in der Maria-Schnee-Kapelle in Nassenbeuren

Wunderbares und Verwunderliches

Die Kunst- und Wunderkammer der Burg Trausnitz in Landshut

Die Anfänge des Landshuter Sammelsuriums der Seltsamkeiten geht auf das Jahr 1565 zurück. Schon 1598 besaßen Erbprinz Wilhelm und sein Vater 6000 wundersame Gegenstände. Dies ist durch ein Inventar belegt. Ihre Sammelwut war kein persönlicher Spleen. Es schickte sich für die Fürsten ihrer Zeit, in ihren Häusern und Burgen das zu sammeln, was die Herrlichkeit der Welt und ihrer Bewohner zeigte. Die Welt galt als perfekt und in ihr hatte der Fürst einen besonderen, auserwählten Platz inne.

Der Stolz einer jeden Wunderkammer war ein Nilpferdschädel oder zumindest einige Zähne des Tieres, das man für das gefährlichste der Welt hielt, der Spitzzahn eines Narwales, von dem man glaubte, er stamme von einem Einhorn, die Wirbelknochen eines Grönlandwals und ein Nautilus-Pokal. Um die große, schneckenförmige Schale noch wertvoller zu machen, wurde das Gehäuse geätzt und kleine Szenen in die Oberfläche graviert. Die Muschel stammt aus dem Pazifik, doch der Elfenbeinfuß des Landshuter Pokals wurde in Amsterdam gedrechselt. Ob aus dem Pokal je getrunken wurde, ist unbekannt. Für Trinkspiele eignete sich die auf einem Hirsch reitende Jagdgöttin Diana besser. Der aus Silber hergestellte, teilvergoldete Hirsch ist hohl. Ihm wurde, wenn Gäste kamen, roter Wein in den Leib gegossen. Dann zog man das Laufwerk auf und ließ das Gespann über den Tisch ziehen. Vor wem es hielt, der durfte dem Hirsch den Kopf abnehmen und den Inhalt trinken. Zum Glück ist Diana nicht sehr schnell unterwegs. Es dauerte lange, bis die Tischgesellschaft bedüdelt war. Bleibt zu hoffen, dass niemandem in diesem Zustand die ebenfalls im Kabinett befindliche süddeutsche Amputiersäge von 1571 in die Finger geriet, die es dort neben einem Totenkopf aus Elfenbein, einem Totenkopf aus Bronze und dem Schädel einer Meerkatze zu bestaunen gibt – dieser wird im Inventar auf Bayerisch als „Affen Todtenkopffl" bezeichnet.

Gleichzeitig ungeheuer kunstvoll, aber zu nichts zu gebrauchen, sind die Obstkernschnitzereien. Wer die mit feinsten Werkzeugen ausgearbeiteten biblischen Szenen erkennen möchte, benötigt ein gutes Sehvermögen.

Mehrere der Ausstellungsstücke sammelten die Fürsten wohl wegen der ihnen zugesprochenen magischen Wirkung. Von der Wüstenpflanze „Rose von Jericho" erhoffte man sich einen Blick in die Zukunft. Legt man sie ins Wasser und sie öffnet sich nicht, so kündet dies den Tod eines Menschen an. Die Alraunenwurzeln erinnern in ihrer Form an Menschen. Sie wurden als Erdgeister verehrt. Nicht nur in Schlössern begehrte man die wirkungsvollen Wurzeln. 1611 wurde das Buddeln nach der Zauberpflanze in Bayern verboten, denn im 16. und 17. Jahrhundert war der Wunsch, durch Amulette an den geheimen Kräften der Natur teilzuhaben, besonders weit verbreitet. Wollte die Regierung durch das Verbot die Pflanze schützen oder nur verhindern, selbst wirkungsvoll verflucht zu werden? Offenbar fühlten sich die Herrscher dadurch verwundbar. In der Burg Trausnitz sind zum Schutz vor realen und spirituellen Gefahren ein Amulett aus Muskatsnuss, eines aus Steinbockhorn, aber auch solche aus Bohnen-Kernen, Haizähnen und Wassernüssen zu sehen.

Wenn Sie das Museum verlassen, sind Sie alleine durch den Anblick all dieser Heilbringenden Gegenstände vor allen bösen Überraschungen gefeit, nicht aber vor dem Anblick eines mit Rötelkreide im 16. Jahrhundert an die Wand des Treppenhauses gekritzelten Pimmels, nicht unähnlich den Gemälden auf heutigen Bahnhofstoiletten.

Adresse:
Burgverwaltung Landshut
Burg Trausnitz 168
84036 Landshut

Öffnungszeiten:
Täglich geöffnet von April bis September 9–18 Uhr, Oktober bis März 10–16 Uhr.
Letzter Einlass in die Kunst- und Wunderkammer 30 Min. vor Ende der Öffnungszeit.
Geschlossen am 1. Januar, Faschingsdienstag, 24., 25. und 31. Dezember.

Anfahrt mit öffentlichen Verkehrsmitteln:
Ab Landshut Hauptbahnhof mit dem Bus 101 Richtung Kumhausen bis zur Grieserwiese, dann 10 Min. zu Fuß. Oder vom Hauptbahnhof aus zuerst mit dem Bus 6263 Richtung Ergoldsbach, in der Maximilianstraße in den Bus 7 Richtung Obere Altstadt umsteigen und bis zur Burg fahren (Fahrtzeit: 6 Min. bzw. 7 Min.).

Kuriositäten in der Nähe:
- Ein durch den Heiligen Kastulus versteinertes Brot in der Schatzkammer von St. Martin in Landshut
- Mehr als 2500 Kostüme im Zeughaus der „Landshuter Hochzeit“
- Herstellung von tabakfreiem Schnupfpulver in Geisenhausen – Traubenzucker statt Nikotin

Da kommt keine Spannung auf!

Das erste Isolatorenmuseum Europas in Lohr

Ist es das kleinste deutsche Museum? Vielleicht. In einem alten Transformatorenturm in Lohr am Main sind über zwei Stockwerke verteilt etwa 600 Isolatoren ausgestellt. Übersehen kann man das Museum nicht. Schon die Türe hat eine Glasscheibe in Isolatorenform und an der Fassade ist ein Schild angebracht, das an die Metallschilder von Restaurants erinnert – aber aus Isolatoren besteht.

Weltweit braucht man Isolatoren, um zu verhindern, dass aus Stromleitungen an den Stellen, an denen sie befestigt werden, Spannung weitergeleitet wird und sich ein Kurzschluss ergibt. Entwickelt wurde die Technik ursprünglich für die Nachrichtenübertragung mit Telegraphen. Sie stammt aus Deutschland und zwar von Werner von Siemens. Der erkannte auch, dass man Kabel mit Guttapercha, einem in warmem Zustand knetbaren Baumsaft, isolieren und so Strom auch durch Wasser leiten kann. Grundpfeiler der Telegraphenlinien über Land waren Holzmasten. Anfang des 19. Jahrhunderts nagelte man die Drähte direkt an die Masten. Dies hatte zur Folge, dass die nahezu immer vorhandene Feuchtigkeit, die elektrischen Strom gut leitet, diesen zur Erde hin abfließen ließ und die Verbindung zusammenbrach. Das Problem wurde 1858 mit der Erfindung eines wasserundurchlässigen Porzellanisolators, der „Doppelglocke", durch Chauvain gelöst. Der älteste Isolator im Museum stammt aus dem Jahre 1890.

Die meisten der aus Glas, Porzellan oder Kunststoff hergestellten Isolatoren im Lohrer Museum haben Rillen und sehen in der Form oft aus wie Sahnehäubchen. Das macht es allerdings schwerer, sie zu reinigen – und so stopft der Starkstromtechniker und Museumsbesitzer Lothar Vormwald sie ab und an in die heimische Spülmaschine. Die Rillen dienen aber dazu, dass eventuelle Kriechströme weiter kriechen müssen, um Schaden anzurichten.

Besucher des wahrscheinlich räumlich bestausgenutzten Museums in Deutschland finden mit Herrn Vormwald einen begeisterten Sammler und Isolatorenfachmann vor. Die ungewöhnliche Sammlung wächst immer noch, denn Besucher aus aller Welt schicken Isolatoren aus ihrer Heimat nach Lohr. Aber auch die Bürger der Stadt vermitteln oder bringen aus ihren Urlaubsorten Isolatoren mit. So sind Neuerwerbungen aus Indien, Australien, Polen und Russland dabei. Sogar aus den USA ist eine Kiste voller Isolatoren angekommen. Die Ausstellung enthält Stücke aus 35 Ländern, natürlich sind auch fränkische dabei.
Manche der Isolatoren hat der Sammler, der immer unter Strom steht, wenn er Isolatoren ergattern kann, auf dem European Insulator Collection Meeting gegen doppelte Exemplare eingetauscht. Es gibt also noch mehr begeisterte Sammler der oft an langgezogene Lampions erinnernden Straßenbahnoberleitungsisolatoren und Reichspostmodelle mit Kugelkopf. Manche Stücke wurden dem Sammler von anderen Begeisterten überlassen, etwa von der Berlinerin Hannelore Kossel, einer Gartenbauingenieurin, die einen Isolator vom Sendemast des Senders Rias Berlin beitrug. Dieser wurde von den westlichen Alliierten aufgestellt, da bei ihrem Eintreffen in Berlin bereits die Sowjetunion das vorhandene Haus des Rundfunks für sich beanspruchte. Rias sendete das Gegenprogramm und nannte es provokant „Eine freie Stimme der freien Welt".

Adresse:
Isolatorenmuseum Sammlung Vormwald
Im Trafohäuschen
Haaggasse
97816 Lohr am Main

Öffnungszeiten:
Jeden 1. Sonntag im Monat von 14–17 Uhr und für Gruppen nach Vereinbarung unter Tel. 0 93 52/47 95.

Anfahrt mit öffentlichen Verkehrsmitteln:
Vom Bahnhof Lohr aus mit dem Bus „Lohr – Rothenbuch" Richtung Rechtenbach zum zentralen Omnibusbahnhof Lohr am Main (Fahrtzeit: 5 Min.), von Langenprozelten, Haltestelle „Rathaus" mit dem Bus Richtung Lohr bis zum zentralen Omnibusbahnhof Lohr am Main (Fahrtzeit: 17 Min.) oder vom Bahnhof in Partenstein mit dem Bus „Lohr – Frammersbach – Heigenbrücken" bis zur Haltestelle „Postamt" in Lohr (Fahrtzeit: 11 Min.).

Kuriositäten in der Nähe:
- Kaffeekannensammlung in Partenstein
- Kleinste Bibliothek der Welt in Marktheidenfeld

Päpstliche Brotzeit

Papstdevotionalien für Leib und Seele in Marktl am Inn

Seit 1422 genießt Marktl am Inn Marktprivilegien. So ist man seit jeher gewöhnt, Handel zu treiben, und ist in der Lage sich mit neuen, innovativen Produkten recht schnell auf die Kundschaft einzustellen. Als am 19. April 2005 ein Sohn des Ortes, Kardinal Dr. Joseph Ratzinger, zum Papst gewählt wurde, erschloss sich ein völlig neuer Markt für den beschaulichen Marktflecken. Immer mehr Fans von Papst Benedikt XVI. kamen, um den Geburtsort des Oberhirten mit eigenen Augen zu sehen.

Namenswahl des Papstes

Die Namen Ute und Jan haben uns unsere Eltern gegeben. Wir werden sie bis an unser Lebensende behalten, und das ist auch so, wenn jemand das Pech hat, von seinen Eltern den Namen Kevin oder Heinz Rüdiger bekommen zu haben – er wird ihn nie wieder los. Es sei denn er wird Papst. Anfangs haben sich nur Päpste einen neuen Namen gegeben, wenn sie einen nicht christlichen Namen hatten, wie Mercurio, der nach einer römischen Gottheit benannt war, oder Bruno, dessen Namen heidnisch-germanisch war. Heute aber darf auch ein Papst mit einem christlichen Namen wie Joseph sich umbenennen. Nach der Papstwahl wurde also in Rom mit der üblichen Floskel auf Latein kund gegeben: „Ich verkünde euch große Freude: Wir haben einen Papst! Seine Eminenz den hochwürdigsten Herrn, Herrn Joseph, der Heiligen Römischen Kirche Kardinal Ratzinger, welcher sich den Namen Benedikt XVI. gegeben hat."

Der heutige Papst begründete seinen neuen Namen damit, dass er den Friedenspapst Benedikt XV. zum Vorbild nehme, der während des Ersten Weltkriegs vergeblich für den Frieden eintrat. Auch er wolle sich für Frieden und Versöhnung zwischen den Völkern einsetzen. Als weiteres Vorbild gab er den Heiligen Benedikt von Nursia an, der die Ordensregel der Benediktinermönche formuliert und der gefordert hat, dass im Denken und Handeln der Gläubigen Christus an erster Stelle zu stehen habe. Benedikts Klosterregeln fordern das Leben in der Gemeinschaft und körperliche Arbeit. Den Mönchen ist jeglicher Besitz untersagt, die Mahlzeiten werden gemeinsam eingenommen. Gebet und Arbeit – ora et labora – sind die Schwerpunkte ihres Alltags. Einen großen Teil seiner Zeit widmete Benedikt selbst der Hilfe für Arme und Kranke. Am 21. März 547 soll Benedikt im Kloster im italienischen Montecassino verstorben sein. Er gilt als Patron der Europäer und der westlichen Kultur, der Schulkinder, Lehrer und Höhlenforscher und hilft, so wird überliefert, auch bei Nieren- und Gallensteinen.

Sehr um das leibliche Wohl seiner Besucher bemüht, wollte man nicht einfach irgendetwas zum Essen und Trinken anbieten, es sollte schon etwas ganz Besonderes sein. Also erfand man das Papstbier mit 7,5 % Vol.! Ein traditionelles, helles Gebräu, also an und für sich nichts Besonderes in Bayern. Doch auf den Flaschen prangt das Konterfei von Papst Benedikt mit segnend erhobenen Händen. Der dazu passende Krug ist natürlich auch erhältlich.
Weil man aber auf nüchternen Magen kein Bier trinken sollte, führt die Bäckerei am Marktplatz in ihrem Sortiment auch ein Vatikan-Brot. Das pfundige Brot verziert der Bäcker liebevoll mit einem christlichen Kreuz aus Mehl. Doch damit nicht genug, für die Süßmäuler hält man auch Benedikt-Schnitten und eine leckere Papst-Benedikt-Torte bereit. Den zur Torte besser passenden Kaffee kann man aus dem Papst-Benedikt-Becher genießen.
Wer so gestärkt den Ort erkundet, wird nicht nur die baulichen Sehenswürdigkeiten wie das Geburtshaus und die Taufkirche des Papstes zu Gesicht bekommen. Nein, Benedikt alias Joseph Ratzinger schaut einen in Marktl von allem möglichen Krimskrams an. Die Tankstelle verkauft z. B. nicht nur Treibstoffe und was man sonst heutzutage dort bekommt, sondern auch Kerzen in Form von Papstbüsten, gläserne Schlüsselanhänger mit Papstbild usw.
Das günstigste Souvenir ist in der Tourist Info erhältlich: ein Autoaufkleber als Erinnerung an den Besuch Benedikts im September 2006. Den bekommt man kostenlos.

Adresse:
Tourismus und Begegnung Marktl GmbH
Marktplatz 1
84533 Marktl

Anfahrt mit öffentlichen Verkehrsmitteln:
Von Mühldorf (Oberbayern) aus mit der Regionalbahn RB 27117 Richtung Simbach (Inn) bis Marktl (Fahrtzeit: 20 Min.).

Kuriositäten in der Nähe:
- Sissis Brautkranz in Altötting
- Wirtshaus, an dem die Bürger des Ortes Aktien halten, in Eggenfelden
- Wagyuzucht in Thal bei Tann
- Blauweißes Spielgebirge aus Spritz-Beton in Burghausen
- Lieblingsaufenthaltsort der bayerischen Chileflamingos bei Ering

Das Kaba-Reh und anderes jagbares Wild

Hans Kotters Jagdmusseum in Mühldorf am Inn

Knochen und Trophäen überall, ausgestopftes Wild und Bilder von Jägern. Das erwarten Sie von einem Jagdmuseum – und das bekommen Sie! Allerdings kann man schon an der Fassade des Museums erkennen, dass hier manches anders ist. Auf dem Gesims stehen schon die ersten Tiere, kein jagbares Wild, sondern Insekten, hergestellt aus Pumpsprühern aus Plastik und Drähten. Sie schauen mit Glotzaugen in den schmalen Gang zum Eingang hinunter. Diese Gasse scheint wohl von Mühldorfern gerne genutzt zu werden, um ihr Wasser abzuschlagen. Jedenfalls bittet ein aus der Wand schauendes Schwein, das kumpelhaft seine Kollegen grüßt, dies nicht zu tun.

In den Ausstellungsräumen können Waidmänner in der Ausbildung die verschiedenen jagbaren Wildarten kennenlernen. In einem Schaukasten hängt etwa ein echter Reh-noir, ein schwarzes Bambi vor freundlich blauem Himmel. Das gleich große Louv-Reh ist marmorweiß und es steht einer antiken Statue gleich mit drei Beinen auf einem Sockel. Der (oder das?) Reh-Bell steht in der Nacht vor einer Hundehütte und kläfft den über ihm stehenden Mond an. „Reh-Kord vom Reh-Vier" ist ein mit der Startnummer 4 behängtes Tier auf einem Siegertreppchen benannt. Auf einer Zielscheibe für Bogenschützen aus Stroh ist ein brauner Fahrradsattel mit der Nase nach unten angebracht. Rechts und links hat er Sattelfedern als Ohren. Die Hörner sind als Griffe geformt, über sie wurden zum Schutz Kondome aufgestreift. Was soll das sein? Natürlich ein Trainingsgerät für Brunftkämpfe.

Marienkäfer

Dass Hans Kotter in seiner Kleinskulptur den Marienkäfer mit der biblischen Maria in Verbindung bringt, ist wohl sogar etymologisch korrekt. In manchen Regionen heißt er Fraukäferl – auch auf die Muttergottes bezogen. Er galt als Geschenk Marias an die Menschen, denn schon die Bauern des Mittelalters erkannten die Nützlichkeit der kugeligen flugfähigen Tierchen mit dem zoologischen Namen *Coccinellidae*. Als Larve vertilgt ein einziges Tier etwa 1500 Blattläuse.

Auch Federwild ist zu bestaunen. Da gibt es zum Beispiel einen Wasserhahn. Er besteht aus einer Armatur, der oben in die Zuläufe bunte Federn gesteckt wurden. Vorne sind Augen aufgebracht, über denen als Augenbrauen metallene Scheuerpads angeklebt wurden. Ebenfalls zum Federvieh zählt der auf einem Holzbrettchen angebrachte Uhu – in der Tube. Unter den Insekten ist der Marienkäfer aus Altötting herausragend. Ihm dient eine Statuette der Gottesmutter als Corpus.

Ob zu den Jagdtrophäen auch der Busen der Natur zählt? Hübsch ist er jedenfalls. Er ist ein brustförmiger Holzknubbel. Wesentlich frivoler ist ein Schaukasten. Eine Lila-Schokowerbekuh liegt vor einem Alpenpanorama auf dem Rücken. Daneben klettert ein befriedigter aus Papiermaschee modellierter Jäger auf seinen Hochstand aus Zweigen und schwärmt: „Es war die zarteste Versuchung".

Hans Kotter hat in seinem Museum nicht nur seiner eigenen, teils kindlich blödelnden, teils sarkastisch-morbiden Fantasie freien Lauf gelassen. Es sind auch originale Karikaturen von Ungerer, Janosch und Achternbusch zu sehen.

Der ehemalige Konditor hat sich mit seinem Haus ein Refugium des Blödsinns geschaffen. Er wohnt selbst in dem Gebäude und im Keller ist eine Bühne eingerichtet. Damit das lauschige Ambiente nicht von Banausen zerstört wird, prangt schon an der Garderobe der Hinweis: „Es wird ersucht im Interesse des Friedens und der Gemütlichkeit das Politisieren in diesen Räumen zu unterlassen." Natürlich ist dieser Ort dennoch eines der liebsten Rückzugsgebiete des gefährdeten politischen „Kaba-Reh".

Adresse:
Mühldorfer Jagdmusseum
Stadtplatz 82
84453 Mühldorf am Inn

Öffnungszeiten:
Jeden Mi 14–18 Uhr. Für Gruppen können auch zu anderen Zeiten Termine telefonisch vereinbart werden unter Tel. 0 86 31/1 51 09 oder 0 86 31/61 22 26 (Kulturbüro).

Anfahrt mit öffentlichen Verkehrsmitteln:
Vom Bahnhof Mühldorf aus mit dem Bus 11 Richtung Mößling bis zum Stadtplatz (Fahrtzeit: 3 Min.).

Kuriositäten in der Nähe:
- Staubsauger, der Äpfel presst und Löcher bohrt, in der Staubsaugersammlung von Alexander Schneller in Mühldorf
- Raritätenstadl von Domenicus Weiß in Polling
- Weltweit größte Sammlung von Hummelfiguren in Massing

Schauderhaft!

Das Grusel-Panoptikum im Stadtmuseum in München

Das Oktoberfest ist schon vorbei und das Frühlingsfest noch weit? Jahrmarktattraktionen können Sie auch jahreszeitenunabhängig und ohne eine Horde Besoffener um sich herum in München erleben – und zwar im Stadtmuseum. Bier gibt es natürlich schon auch, aber erst unten in der Museumsgastronomie.
Die Abteilung Schaustellerei gibt einen Überblick über die Geschichte der Jahrmarkts- und Volksvergnügungen. Da gibt es etwa eine alte Schießbude, bei der man versuchen konnte, Hitler zu erschießen. „Smash Hitler" lautet das Angebot. Der Diktator hat vorsichtshalber seine unproportional kleinen Hände schon gehoben. Rechts und links der Schläfe prangt erstaunlicherweise ein roter Stern. Man kann an einem alten Hau-den-Lukas seine Kraft messen, alte Karussellpferdchen bewundern, die im Museum ihr Gnadenbrot fressen, und man kann sich gruseln! In geduckter Stellung hockt in einer Ecke der riesige Affe King Kong. Der Name steht groß darüber, falls irgendwer das Monster nicht kennt. Vor sich hat der Affe einige Plastiktotenköpfe, mit denen er auf dem Dach einer Geisterbahn jonglierte, ehe er auf seine alten Tage einen Platz im städtischen Monsterpflegeheim bekam, ganz nahe zu seinem mit einer braunen Kutte bekleideten Freund Gevatter Tod, einer Eingangsfigur der Geisterbahn. Große und kleine Besucher können sich vor verschiedene Zerrspiegel stellen und sich schauernd an ihre Kartoffelnase fassen oder mit den bodenlangen Armen schlenkern.
Höhepunkt der Abteilung ist eine ziemlich authentische Schaubude mit vielen Exponaten aus Castans Panoptikum und anderen von Markt zu Markt reisenden Schaubuden. An den Wänden prangt Werbung für die lebenden Schaustücke, die mit Interesse bestarrt wurden. Die aneinandergewachsenen siamesischen Zwillinge, eine Frau mit Bart sowie die dicksten und schwersten Mädchen Hollands, drei junge in bunter Tracht und mit Pfundangabe abgebildete Frauen. Immer wieder beginnt es im Käfig in einer Ecke der Bude zu stöhnen und zu schreien, ein Schwall roter Flüssigkeit ergießt sich aus einem Wachskopf, dem „Blutspucker". In der Mitte liegt eine zu öffnende, wächserne Schönheit, anhand der man die inneren Organe kennenlernen kann. Es werden Plastinate verschiedener Krankheitsbilder gezeigt. Beeindruckend ist die in Schwarz gekleidete Dame mit einem hornförmigen Geschwür an ihrer Stirn. Die Kabinette warben damit, zur Bildung und Gesundheitsvorsorge beizutragen, das bewahrte sie einerseits vor behördlichen Verboten, andererseits mag es auch das Gewissen sparsamer Besucher beruhigt haben, die nur bereit waren, Geld für den Eintritt auszugeben, wenn man dort auch etwas lernen konnte.

Wenn Sie sich in der Abteilung „Schaustellerei" warmgegruselt haben, dann machen Sie doch in der beachtlichen internationalen Instrumentensammlung weiter. Aus einem Gesamtbestand von 6000 Objekten sind ca. 1500 Musikinstrumente aus Afrika, Asien, Altamerika und Europa im Münchner Stadtmuseum ausgestellt. Bei Führungen gibt es auch die Möglichkeit, unter Anleitung auf den kompletten Gamelans aus Java und Bali selbst zu spielen. Nicht testen darf man leider die Flöten aus menschlichen Oberschenkelknochen. Sie stammen aus Tibet. Dort wird der Lamaismus praktiziert. Er sieht vor, dass der Mensch nach seinem Leben in den Kreislauf der Natur zurückkehrt und seine Seele nur so Erlösung findet. Gestorbene werden daher den Geiern zum Fraß vorgeworfen. Ist das Skelett abgenagt, werden die Knochen gemahlen und erneut als Futter ausgestreut. Kriminellen wird dieser Weg zurück in die Einheit des Lebens aber verweigert. Die Oberschenkelknochen werden je nach Straftat in Klöstern aufbewahrt. Aus ihnen werden Flöten geschnitzt, die liturgische Verwendung finden. Werden sie gespielt, kann das das Verbrechen sühnen. Nachdem die Knochen sozusagen ihre Strafe abgesessen haben, werden auch sie den Vögeln übergeben. Manche der Knochenflöten im Museum wirken schon etwas in die Jahre gekommen. Vielleicht sollte man mal die Geier aus dem Zoo in Hellabrunn ins Stadtmuseum bitten, um die Seelen der einstigen Besitzer zu erlösen.

Adresse:
Münchner Stadtmuseum
St.-Jakobs-Platz 1
80331 München

Öffnungszeiten:
Di–So 10–18 Uhr, montags geschlossen.

Anfahrt mit öffentlichen Verkehrsmitteln:
Mit der S-Bahn oder U-Bahn zu den Haltestellen „Marienplatz" oder „Sendlinger Tor" in München.

Kuriositäten in der Nähe:
- Obertonhaus in München
- Gipskopfmuseum in München
- Horrorladen in München
- Anatomische Lehrsammlung in München
- Zahnmedizinische Sammlung in München
- Wasserbar in München

Kartoffeln aus dem Museumsladen

Im Oberpfälzer Freilandmuseum in Neusath bei Nabburg

Es soll Museumsbesucher geben, die immer zuerst in den Museumsladen gehen, ehe sie überhaupt ein Exponat gesehen haben. Man erwartet dort Bücher, Spielsachen und schöne, unnötige Dinge. Bücher, Pustefix und Knackfrösche gibt es zwar auch im Museumsstore des Oberpfälzer Freilandmuseums, aber das Hauptangebot besteht aus Museumskartoffeln, Museumswurst und Museumssaft.
Da die Felder des Museums traditionell bewirtschaftet und daran alte Anbaumethoden wie die Dreifelderwirtschaft gezeigt werden, muss natürlich auch ihr Ertrag vermarktet werden. Aus den alten Apfelsorten auf den Streuobstwiesen wird Saft gepresst, der ganz anders schmeckt als die Säfte aus chinesischem Apfelkonzentrat im Discounter. Die Museumshühner legen Eier. Auch die hübschen, schwarzweißen Schwäbisch-Hällischen Schweine stehen nicht alleine zur Deko in ihren Freigehegen, sondern wandern am Ende ihrer Tage in den Fleischwolf.
Bis ins 18. Jahrhundert hielt man in Deutschland gezähmte Wildschweine. Die aber brachten weder viele Ferkel zur Welt, noch wurde aus ihnen schnell eine fette Sau. So kreuzte man asiatische Schweinerassen ein. Es entstand das Schwäbisch-Hällische Landschwein mit 14 Zitzen, das schnell viele Ferkel säugen kann. 1980 galt die Rasse als ausgestorben, denn es wurden noch schneller zu mästende Rassen populär. Heute wird er wieder gezüchtet, denn das Fleisch ist fest, dunkel und lecker.
Wer die Angebotspalette des Ladens durchgekostet hat, der weiß: Schmackhaft und kräftig waren die Lebensmittel, die Bauern und Handwerker früherer Epochen, deren Leben in Neusath anschaulich gemacht wird, gegessen haben – wenn sie zu essen hatten. Das Museum zeigt keine idyllisierte, heile Welt und widerspricht dem von manchen Freilandmuseen genährten Klischee, früher sei alles besser gewesen. Für die im Wald weidenden Rinder und die frei herumlaufenden Gänse wahrscheinlich schon, weniger für die hart arbeitenden, ohne Luxus wohnenden Menschen. In der ersten Baugruppe des Museums werden die einstigen Bewohner des nach Neusath translozierten Hofs mit Lebensdaten und Todesursache vorgestellt. Eine davon ist die Auszehrung.
Wie professionell das Museum aufgebaut wurde, sieht man etwa daran, dass an jedem Haus nicht nur steht, wann es erbaut wurde, sondern auch in welchem Jahr es verlassen wurde. Veränderungen und Umbauten wurden belassen und somit sichtbar gemacht, dass eben auch früher die Zeit nicht stillstand.

Im Museum, in dem man einen ganzen Tag abwechslungsreich verbringen kann, stehen Gebäude aus den verschiedenen Regionen der Oberpfalz zu Gruppen zusammengefasst. Verrückt, aber selbst an einem Wochenende in den Sommerferien begegnet man kaum anderen Besuchern. Das Gelände ist groß genug, dass selbst Großgruppen quasi spurlos verschwinden. Es gibt ein Dörfchen aus dem Jura, aus dem Oberpfälzer und Bayerischen Wald, aus der mittleren Oberpfalz und eine Baugruppe am Wasser. Die Türen sind offen und man kann sich in das Leben in den jeweiligen Häusern hineinversetzen: das eines Webers, eines Müllers, eines Hirten. Modellhaft werden verschiedene Techniken des Dachdeckens und der Zimmerleute gezeigt. Und man darf endlich mal mit der Neugier in fremden Häusern herumschnüffeln, die man sonst im Zaum halten muss: Wir kraxelten auf Dachböden mit schlafenden Katzen und schlüpften in Schweinekoben.
Es gibt viele Werkzeuge zu sehen, die verwendet wurden. Aber auch solche, die man ans Kreuz genagelt hat. An einem großen bunten Wegkreuz vor einem Jurahof hängen alle Werkzeuge, die bei der Passion Christi und seiner Hinrichtung Verwendung fanden. Auch ein Gockel wurde mit ans Kreuz geschlagen. Das ist aber außer den Tieren in der Museumswurst auch das einzige Lebewesen im Museum, das nicht lebendig ist!

Adresse:
Oberpfälzer Freilandmuseum Neusath-Perschen/Standort Neusath
Neusath 200
92507 Neusath bei Nabburg

Öffnungszeiten:
Während der Museumssaison vom 19. März bis zum 6. November Di–So 9–18 Uhr (Einlass bis 17 Uhr), montags – außer an Feiertagen – geschlossen.

Anfahrt mit öffentlichen Verkehrsmitteln:
Vom Bahnhof in Schwandorf aus mit dem Bus 6275 Richtung Weiden (Oberpfalz) bis Perschen (Fahrtzeit: 33 Min.), dann 2,6 km zu Fuß. Vom Bahnhof Nabburg aus mit dem Bus 6273 Richtung Schönsee bis Diendorf, Haltestelle „Schwarzes Marterl" (Fahrtzeit: 2 Min.), dann 3,1 km zu Fuß. Vom Museum wird für Gruppen auch eine Busfahrt vom und zum Bahnhof organisiert.

Kuriositäten in der Nähe:
- Wollhof mit Angorakaninchen in Teunz
- Nachgebaute, gläserne Twin Towers mit Stahlträgerstück aus New York in Oberviechtach
- Stonehenge-Nachbau in Kulz

... und Schleudersitze inklusive

Der Starfighter-Fiesta im Gerhard-Neumann-Museum in Niederalteich

Flugzeuge und Automobile haben normalerweise optisch und technisch nicht sehr viel gemeinsam, aber im Gerhard-Neumann-Museum schon! In diesem Fall ist es neben anderen, teils humorigen Details die Lackierung: Der kleine Ford Fiesta MK1 zeigt sich in Tarnlackierung (Norm 62) der Bundeswehr, geziert mit eisernen Kreuzen und speziellen Beschriftungen, die sonst nur an Kampfflugzeugen zu finden sind.

Genauer bezeichnet, kommt der Ford im Design eines Lockheed F-104 Starfighters der deutschen Luftwaffe daher und teilt sich die Kennung 20-86 mit einem echten Flieger des Geschwaders Richthofen, deren Befehlshaber dies freundlich genehmigten.

Der Beifahrersitz gehört einer Puppe als Copilot in voller Pilotenmontur für Überschallflugzeuge. Das Armaturenbrett des Kleinwagens sieht aus wie in einem richtigen Kampfjet und weist neben den für den deutschen Straßenverkehr notwendigen Bedienelementen auch viele Flugzeuginstrumente auf. Ein Höhenmesser kann bei einer Fahrt in den Bergen ja durchaus brauchbare Informationen liefern. Der Schalthebel besteht aus einem Steuerknüppel mit Feuerknopf; auf Bordwaffen wurde jedoch konsequent verzichtet. Im direkten Blickfeld des Fahrers findet sich ein künstlicher Horizont, über dessen Sinn man rätseln darf. Selbst auf den Einbau von Schleudersitzen vom Typ GQ 7A aus dem Hause Martin-Baker konnte aus Sicherheitsgründen auf keinen Fall verzichtet werden, denn 1980 gab es im Ford Fiesta noch keine Airbags. Leider handelt es sich bei den Schleudersitzen nur um täuschend echt aussehende Attrappen auf Mercedes-Basis. So bleiben im Notfall noch die Hosenträgergurte, welche aber auch aus einem Militärflieger stammen könnten und durchaus Looping-tauglich erscheinen.

Wo man auch hinschaut, gibt es Aufschriften und Warnhinweise, wie „Notgriff zum Abwurf des Kabinendachs auf der anderen Seite“, oder innen an der Fahrertür „zum Entriegeln Hebel ziehen“. Die Rückspiegel sind mit orangenen Schutzhüllen versehen, an ihnen hängen Bändel mit der Aufschrift „remove before Flight“. Klar: verhüllt taugt der tollste Rückspiegel nichts. Am hinteren Kotflügel findet sich noch ein wichtiger Warnhinweis: „Vorsicht! Landefanghaken federbelastet!“ Wer schon einmal mit einem 40 PS starken Ford Fiesta auf einem Flugzeugträger gelandet ist, war sicher froh über einen funktionstüchtigen Fanghaken.

Das Fahrzeug wurde nach eingehender Prüfung durch den TÜV wirklich für den Straßenverkehr zugelassen und besuchte gemeinsam mit seinem Besitzer einige Fliegerhorste, wo der Kleinwagen neben den echten Militärflugzeugen parken durfte. Auch im Museum steht hinter dem Auto ein echter Düsenjet mit ähnlicher Lackierung, ein Lockheed F-104 Starfighter! Das Triebwerk für diesen Flieger erfand Gerhard Neumann, der Namensgeber des Museums von Josef Voggenreiter. Herr Voggenreiter mag Starfighter sehr gerne und war früher selber Kampfflugzeugtechniker bei der Bundeswehr. Die Faszination für diesen Flieger bewog ihn, ein Museum aufzubauen. Er bekam sogar eine F-104 geschenkt, als die Maschinen nach und nach außer Dienst gestellt wurden. Sein Museum wurde bald um manch weitere fluggerätschaftliche Kuriosität reicher und er baute eine richtig große, hangarähnliche Halle.

Das größte ausgestellte Flugzeug ist ein Hansajet der Hamburger Flugzeugwerft aus der Nachkriegszeit. Auch einige Eigenbauten von flugzeugverrückten Bastlern sind ausgestellt. Die Toilettenanlage des Museums stammt aus einem Airbus und wer sie benutzt, wird mit Durchsagen des Flugkapitäns unterhalten. Darüber hinaus kann sich der interessierte Besucher von Herr Voggenreiter sachkundig durch die umfangreiche Sammlung diverser Flugzeugbauteile und Ausrüstungsgegenstände führen lassen.

Adresse:
Gerhard-Neumann-Museum Niederalteich
Josef Voggenreiter
Hengersberger Straße 5
94557 Niederalteich

Öffnungszeiten:
Besichtigung nur mit Führung. Führungen durch das Museum sind für Gruppen ab ca. 10 Personen möglich (Einzelpersonen nur in Ausnahmefällen). Der ca. 1,5-stündige Rundgang wird von Josef Voggenreiter selbst durchgeführt. Die Führungen können montags bis samstags zu beliebiger Zeit vereinbart werden. Anmeldung unter Tel. 0 99 01/2 02 70, E-Mail: Josef.Voggenreiter@f-104.de.

Anfahrt mit öffentlichen Verkehrsmitteln:
Von Deggendorf Hbf. mit dem Bus 6146 Richtung Osterhofen bis zur Haltestelle „Mäusl“ in Niederalteich (Fahrtzeit: 20 Min.).

Kuriositäten in der Nähe:
- Nepomukmuseum in Plattling

Außerirdisch!

Mondgestein im Rieskratermuseum in Nördlingen

Am 30. August 2009 ließ die Bildzeitung die Schlagzeile drucken: „Schock in Amsterdamer Museum: Mondgestein gefälscht – hat die Landung nie stattgefunden?“ und listete weitere Indizien dafür auf, dass die Mondlandungen der USA (1969–1972) Schwindel gewesen seien. Bei dem Ausstellungsstück im Reichsmuseum in Amsterdam handelt es sich wohl tatsächlich nur um ein Stück eines versteinerten Baumstamms, das der amerikanische Botschafter als angebliches Mondgestein 1969 dem damaligen Ministerpräsidenten von Holland übergeben hat.

Wenn man echtes Mondgestein sehen möchte, dann sollte man also besser gleich nach Nördlingen reisen und das dortige Rieskratermuseum besuchen. Eines der in dem insgesamt faszinierenden und anschaulich gestalteten Museum ausgestellten Exponate ist ein 165 Gramm schwerer Brocken vom Mond, den die Apollo-16-Mission 1972 auf die Erde brachte. Die US-amerikanischen Astronauten testeten bei dieser Weltraumreise das Mondauto und stellten dabei den bis heute gültigen Geschwindigkeitsrekord auf dem Mond auf: Mit bis zu 18 spektakulären Stundenkilometern rasten sie durch das Hochland und sammelten Steine, um zu beweisen, dass auch das Hochland des Mondes Meteoriteneinschlägen ausgesetzt war. Die meisten Proben wurden für chemische Analysen zertrümmert. Einen kleinen Stein bekam die Stadt Nördlingen. Dass die chemische Zusammensetzung den Steinen gleicht, die die sowjetischen Kosmonauten vom Mond mitbrachten, widerspricht natürlich den Verschwörungstheorien der Bild-Zeitung.

Was hat nun Nördlingen mit der NASA zu schaffen? Sind die Nördlinger extraterrestrisch? Nun, vermutlich nicht (wer weiß?). Aber der sie umgebende Boden teilweise eben schon. Das Ries ist ein Meteoritenkrater. Kosmisches Gestein ist auf die Erde geprallt und hat den Rieskrater geformt. Der Aufprall hatte enorme Wucht und verbreitete Schockwellen. Das vorhandene Gestein schmolz. Es bildeten sich sogenannte Impaktgesteine, etwa der Suevit. Vor Beginn der Apollo-14-Mission haben die Astronauten Stuart Roosa, Alan Shepard und Edgar Mitchell im August 1970 im Nördlinger Ries eine Freilandübung absolviert, da das dort vorkommende Gestein der Oberfläche des Mondes sehr ähnlich ist. Schließlich ist der Mond von Kratern übersät, als hätte er Akne gehabt. Auch die Mondkrater sind Dellen, die im Weltraum herumfliegende Steine hinterlassen haben. Um den Mond quasi schon auf Erden besser kennenzulernen, reisten die NASA-Astronauten nach Bayern. Unter der Leitung der Tübinger Geologen Wolf von Engelhardt, Dieter Stöffler sowie Günther Graup wurden sie mit den Merkmalen und den Gesteinen eines Meteoritenkraters vertraut gemacht. Und zum Dank für die Gastfreundschaft im Krater beka-

men die Nördlinger zwei Jahre später den Stein, den man heute im Museum bestaunen kann.
Der Mondstein ist nicht das einzige außerirdische Ausstellungsstück. Auch der Neuschwanstein-Meteorit ist zu sehen. In der Nacht vom 6. auf den 7. April 2002 war abends um 22.20 Uhr über Bayern ein außergewöhnlich heller Meteor gesichtet worden. Viele wissenschaftliche Stationen haben seine Bahn aufgezeichnet und es ließ sich berechnen, dass er in der Nähe von Füssen aufgekommen sein muss, ziemlich nahe beim Märchenschloss des Königs Ludwig II., aber das erste Bruchstück, das heute in Nördlingen ausgestellt ist, wurde erst drei Monate nach dem Eindringen in die Erdatmosphäre gefunden. Es war aber ein ganz schöner Brocken und hätte sicher im Schloss die schönen, großen Fensterscheiben demolieren können, wenn er sie getroffen hätte. Allein das Bruchstück in Nördlingen wiegt 1,75 Kilogramm. Später wurden weitere Stücke mit einem Gewicht von 1,63 und 2,84 Kilogramm geborgen.
Wer am Ende des Museumsrundgangs des Themas Raumfahrt überdrüssig ist und nichts mehr von Raketen hören mag, der geht am besten in ein Museum für langsamere Fahrzeuge: Das ebenfalls in Nördlingen beheimatete Bayerische Eisenbahnmuseum. Der selbstfahrende Kranwagen von Ardelt aus den 1930er-Jahren wird garantiert nicht schneller als 5 km/h. Wer es noch gemächlicher mag, für den wäre die Handhebeldraisine, die man mit Muskelkraft über die Gleise rollen lassen konnte, gerade recht.

Adresse:
Rieskrater-Museum Nördlingen
Eugene-Shoemaker-Platz 1
86720 Nördlingen

Öffnungszeiten:
Mai bis Oktober Di–So 10–16.30 Uhr, November bis April Di–So 10–12 und 13.30–16.30 Uhr, montags geschlossen, Feiertagsregelung auf Anfrage (Tel. 0 90 81/27 38 22-0 und 0 90 81/8 47 10, Fax: 0 90 81/27 38 22-20, E-Mail: rieskratermuseum@noerdlingen.de).

Anfahrt mit öffentlichen Verkehrsmitteln:
Ab dem Busbahnhof Nördlingen mit dem Bus 501 Richtung Dinkelsbühl bis zur Haltestelle „Nördlingen, Rathaus“ (Fahrtzeit: 2 Min.).

Kuriositäten in der Nähe:
- Bepflanzbare typgetreue Beton-LKWs in Tapfheim
- Heilige Dornen in Donauwörth
- Winzige französische Exklave in Oberhausen

Du dumme Fliege – wenn ich dich kriege!

Die Spezialgärtnerei für Insektivoren Thomas Carow in Nüdlingen

Die meisten Pflanzen dieser Erde sind vorbildliche Vegetarier, wenn man sie nicht mit Hornspänen düngt. Doch es gibt Ausnahmen. Biologen kennen etwa 600 Arten von Pflanzen, bei denen Insekten auf dem Speiseplan stehen. 300 davon besitzt Thomas Carow. Er hat damit eine der größten Sammlungen fleischfressender Pflanzen der Welt. Einige Samen hat er selbst von Expeditionen mitgebracht, etwa aus dem Hochland von Venezuela, wo die Hälfte aller bekannten Sumpfkrugarten vorkommt. Ganze Pflanzen hat der Gärtner nicht gepflückt, sondern sie nur auf wunderschönen Fotografien festgehalten. Die Samen reichen ihm vollkommen, denn sie werden steril vermehrt und schon beim Keimen geteilt. Seine Pflänzchen sind sozusagen Reagenzglasbabys.

Die zum Verkauf stehenden Pflanzen wachsen in der Gärtnerei auf Torf und Kokosnussfasern. Auch in der Natur stellen sie keine Ansprüche an den Boden. Sie wach-

Verdauungsprobleme

Für Pflanzen ist es nicht selbstverständlich, dass sie tierische Nahrung verdauen können. Als Charles Darwin 1875 behauptete, es gebe Insekten fressende Pflanzen, da war sein Werk sehr umstritten. Viele Biologen konnten sich nicht vorstellen, dass es eine Pflanze schafft, Nährstoffe aus Tieren zu ziehen. Der Großteil der Karnivoren produziert Fermente, welche die Beute zersetzen und in ihre Bestandteile aufspalten. Die Sumpfkrüge der Gattung *Heliamphora* aber können die gefangenen Tiere nur mit Hilfe von Bakterien zu Nahrung verarbeiten. *Roridula dentata* produziert klebende Tröpfchen, die selbst nach 70 Jahren noch zähflüssig sind und die sich auch in Wasser nicht auflösen. Keine Pflanze klebt besser. Selbst große Fliegen und Wespen werden zu Opfern. Die Pflanze kann jedoch keine tierische Nahrung verdauen. Sie benötigt die Mithilfe einer Wanze, die ausschließlich auf *Roridula* lebt und mit großem Appetit die hier angeleimten Insekten verzehrt. Die Wanze bleibt nicht haften, ist aber auf der mörderischen Pflanze vor Feinden sicher. Sie scheint über eine Antihaftbeschichtung zu verfügen. Aus Dankbarkeit für die bereitgestellte Nahrung kackt sie der Pflanze auf die Stängel und düngt damit ihre Wirtin: eine perfekte Symbiose!

sen auch dort, wo andere Pflanzen vor Hunger Magenknurren bekommen: in Seen, Wasserlöchern, Halbwüsten, in Mooren, aber auch an steilen Felsen und sogar auf Bäumen. Wer soll dort schon satt werden? Den ansonsten anspruchslosen Pflänzchen kommt da ein kleiner Snack zwischendurch sehr gelegen.

Die Pflanzen haben die verrücktesten Weisen entwickelt, um an Beute zu kommen. Es gibt Klebfallen, Klappfallen, Fallgruben, Saugfallen und Reusenfallen. Kinder lieben besonders die aktiven Klappfallen und Klebfallen. Beeindruckend schnell sind die Venusfliegenfallen. Charles Darwin war davon überzeugt, dass es sich dabei um die wunderbarsten Pflanzen der Welt handelt. Die Pflanzen mit den an Omas Gebiss erinnernden Fallen sind allerdings schnell kaputt gespielt. Jede einzelne klebrige Klappe kann sich nur fünfmal wieder öffnen und jede Woche wächst im Sommer nur eine neue Falle nach. Die Fallen sind empfindlich. Wenn man sie innerhalb einer halben Minute zweimal berührt, schnappt das Pflanzenteil in Sekundenschnelle zu. Das stellt sicher, dass die gefräßige Pflanze ein krabbelndes Insekt erwischt, auf vorbeifliegende Samen aber nicht reagiert. Thomas Carow züchtet Venusfliegenfallen mit extra langem Stiel.

In Thomas Carows Gärtnerei funkelt es auch an warmen, trockenen Tagen, als sei ein großer Teil der Pflanzen mit Tau bedeckt. Doch was da wie Wassertröpfchen schimmert, sind Klebtröpfchen, an denen kleine Tiere hängen bleiben. Das Blatt rollt sich um das Opfer. Verdauungssekrete werden ausgeschieden. Die Pflanze beginnt ein genüssliches Mahl.

Adresse:
Gartenbau Thomas Carow
Ümpfigstraße 5
97720 Nüdlingen

Öffnungszeiten:
Besichtigung nach vorheriger Absprache (Tel. 09 71/9 83 00, Fax 09 71/9 83 02), denn Gäste sind zwar willkommen, doch kann man die Pflänzchen besser in Ruhe bewundern, wenn nicht gerade Lieferungen an Gartencenter zusammengestellt werden.

Anfahrt mit öffentlichen Verkehrsmitteln:
Ab Bad Kissingen mit dem Regionalbus 8147 Richtung Münnerstadt bis zur Haltestelle „Nüdlingen-Heßgraben“ (Fahrtzeit: 17 Min.).

Kuriositäten in der Nähe:
- Schlafmohnfelder bei Fuchsstadt
- Nachttopf Bismarcks in der Oberen Saline in Bad Kissingen

Was dem einen sin Uhl ...

Eulenfiguren im Heimatmuseum in Nüdlingen

„Was dem einen sin Uhl, ist dem andern sin Nachtigall“ – oder schneller „Über Geschmack lässt sich streiten“ – diese Sprichwörter kommen auch einem Besucher des Heimatmuseums Nüdlingen sicher in den Sinn!
Eulen sind faszinierende Tiere, keine Frage: Außerordentlich bemerkenswert ist das Hörvermögen der Eulen. Ihr Gehör ist um das 5- bis 10-Fache empfindlicher als das des Menschen, sodass sie eine Maus alleine durch die von ihr verursachten Geräusche genau anpeilen können, und sie beherrschen dreidimensionales Hören. Erstaunlich auch: Durch ihre gezähnten Schwingen ist ihr Flug beinahe lautlos. Für uns ebenso faszinierend ist ihr Sehvermögen, mit dem sie selbst dann etwas erkennen, wenn es uns Menschen stockdunkel erscheint. Die große Pupille und der walzenförmige Augapfel sammeln die kleinsten Lichtinformationen wie ein Teleobjektiv. Eulen können uns in ihren Bann schlagen, da sie uns mit den nebeneinander liegenden, nach vorne ausgerichteten Augen ein bisschen ähnlich sind – und doch so ganz anders in ihren Wahrnehmungen. Soviel zur Eule als Erdbewohner, weiter mit der Eule als Sammelstück.
Bei vielen, die der Begeisterung für diese Tiere erlegen sind, führt dies zum Eintritt in die „Deutsche Arbeitsgemeinschaft zum Schutz der Eulen e.V.“. Einen anderen Weg beschritt Dr. phil. Gerhild Heuer-Pyka, die den Spitznamen „Dr. Eule“ trägt und die in Mainz und Bad Kissingen als Psychologin und Lebensberaterin tätig war. Sie begann Nachbildungen der nachtaktiven Jäger zu sammeln. Bald wussten alle Freunde und Bekannten von ihrem Sammeleifer und überschütteten sie mit Eulen aus Stoff, Stein, Glas, Keramik, bis die Besitzerin feststellte, dass die Sachen nicht mehr in ihr Haus passten. Oder hatte sie keine Lust mehr zum Abstauben? Jedenfalls gab sie die über 3000 Eulenfiguren an das Heimatmuseum Nüdlingen ab.
Staubfreundliche Unterbringung in Vitrinen ist den allermeisten Eulinnen und Eulerichen nun sicher, Eulenfans werden zufrieden sein, denn die Sammlerin hat alle Eulen geordnet. So finden sich Porzellaneulen in Reih und Glied neben Eulenvasen, Eulen zum An-die-Wand-Hängen, Christbaumschmuckeulen, eine Pomponeule, Flaschenöffnereulen, Origamieulen, Reflektoreulen für den Straßenverkehr, Hampeleulen, eine Knabberschaleneule, Zwirnspannbildereulen, Topfuntersetzereulen, Aschenbechereulen, Büroklammereulen, ein Orchester aus Eulenfiguren, Spareulen, eine Wandeule aus Uhrenteilen mit Uhrbauch, ein Waldkauz aus massivem Messing ... Das sind nur einige Eulen aus der Sammlung Heuer-Pyka, einer Vielzahl an Eulen, die daran erinnert, dass sie zu den schützenswerten Vögeln unserer Erde zählen.

Insgesamt brüten in Deutschland zehn der 13 in Europa vorkommenden Eulenarten. Die Unterscheidung zwischen Eulen, an denen die ohrartigen Federbüschel auffallen, und Käuzen, die keine haben, ist wissenschaftlich zwar nicht sinnvoll, aber allgemein üblich.
Eulen waren den Menschen aufgrund ihres Lebens bei Dunkelheit immer etwas unheimlich, genau wie Fledermäuse. Dazu kommt, dass ihr weinerlich-klagender Ruf sie nicht gerade zu Symbolen für Freude und Fröhlichkeit macht. Der Uhu, die größte Eule in Europa, schaut auch recht grimmig. Mit 160 Zentimetern Flügelspannweite kann das Tier im Halbdunkel schon Angst einflößen. Kein Wunder also, dass es in Sagen und Märchen immer wieder dämonenhaft oder gar als Verkörperung des Teufels auftritt. In der Buchreihe „Harry Potter“ dienen Eulen den Hexen und Zauberern als Überbringer von Nachrichten und Paketen.
Schon vom ersten Jahrhundert an ist belegt, dass Eulen verschiedener Arten zur Schadensabwehr an Gebäude genagelt wurden, um sie vor Blitzeinschlägen zu schützen. Teile von Eulen wurden bereits in der Antike als Medizin verabreicht.
Der Ruf des Waldkauzweibchens „Ku-witt Ku-witt“ wurde im deutschen Mittelalter als „Komm-mit! Komm-mit!“ verstanden, also als Ruf, der die Seele des Sterbenden auffordert, den Körper zu verlassen. Der tatsächliche Grund, warum der Kauz sich häufig in der Nähe von Sterbenden aufhielt, war allerdings wohl das Licht, das im Sterbezimmer die ganze Nacht über brannte und Falter und Käfer anlockte. Das zog natürlich auch die Waldkäuze an, die eben diese verspeisten.
Das einzig Positive, was einer Eule nachgesagt wurde, war Klugheit. Sie wurde in Griechenland dem auch dort vorkommenden Steinkauz zugesprochen. In Deutschland steht er mit einem Bestand von etwa 6000 Paaren auf der Roten Liste und gilt als stark gefährdet.

Adresse:
Heimatmuseum Nüdlingen
Münnerstädter Straße 4–6
97720 Nüdlingen

Öffnungszeiten:
Geöffnet bei jährlich stattfindenden Dorffesten (Fläär, Bergfest). Nach Voranmeldung kann jederzeit geöffnet werden. Anmeldung beim Heimatverein Nüdlingen, bei Martha Speck (Tel. 09 71/6 55 06) oder Horst Günter (Tel. 09 71/9 97 13).

Anfahrt mit öffentlichen Verkehrsmitteln:
Ab dem Bahnhof von Bad Kissingen mit dem Bus 8162 Richtung Bad Neustadt (Saale) bis zur Haltestelle „Nüdlingen Rathaus“ (Fahrtzeit: 15 Min.).

Wo Opa sich austobt

Der Mehrgenerationenspielplatz in Nürnberg

Sie sind groß und erwachsen? Wir auch! Welch bedauerlicher Zustand! Die Dreirädchen sind zu klein geworden, beim Schlittenfahren spüren wir schmerzhaft jede Erschütterung in der angegriffenen Lendenwirbelsäule und Spielplätze können wir höchstens nachts besuchen, wenn wir im Geheimen mit unserem Schatz auf der Wippe wippen wollen. Die Stadt Nürnberg hat zum Glück ein Herz für erwachsene Kinder wie uns! Vier generationenübergreifende Spielplätze sind es schon, auf denen auch ältere Personen auf Wackelhockern wackeln dürfen, ohne von erzürnten Eltern verscheucht zu werden und ohne sich vor den Kleinkindern zu schämen. Ätsch! Wir dürfen jetzt auch im Sand buddeln, genau wir ihr! In Eibach können auf Wackelplattformen und Schaukeln die Söhne und Enkel endlich mal die Großeltern anschubsen, statt umgekehrt. Der Spielplatz bietet die üblichen Spielgeräte eines Spielplatzes für Kinder, darüber hinaus aber auch ein umfangreiches Angebot an „Spielgeräten", die eigens für Senioren entwickelt worden sind und in erster Linie Spaß durch Bewegung im Freien bringen, ohne Kraftakte von älteren Menschen zu fordern. Trotzdem fordern manche der Geräte ganz gezielt bestimmte Muskelgruppen: die Lachmuskeln! Wer einmal die wabbelige, auf Metallfedern ruhende Gleichgewichtsplattform erklommen hat, wird automatisch fröhlich, die umstehenden Zuschauer bestimmt auch.

Bereits im November 2006 wurde der Spielplatz in Eibach als erster generationenübergreifender Spielplatz in der Region Nürnberg eingeweiht, wobei die Bewohner nahe gelegener Seniorenheime bei der Planung mitreden konnten. So befinden sich hier neben den Angeboten für die Dreikäsehochs stabile Holzgerüste, kleine Kettenstege und verschiedene Spiel- und Turngeräte, die auch für Siebenkäsehochs, Senioren und Menschen mit Behinderungen geeignet sind.

Wir haben den Platz leider bei Schnee und Eis besucht und waren die Einzigen, die versucht haben, Halt auf den rutschigen Stegen zu finden – nicht ohne das Gleichgewicht zu verlieren und auf den Allerwertesten zu plumpsen. Nicht so schlimm: Das passiert den echten Kleinen ja auch. Im Sommer sei der Spielplatz, erfährt man bei der Stadt, ein Treffpunkt für Jung und Alt. Altenheimbewohner, deren Kinder, Enkel und Urenkel nutzen die Geräte intensiv. Auch Ergotherapeuten machten dort gerne Übungen mit älteren Menschen. Darüber hinaus gebe es eine Partnerschaft mit einem Kinderhort in der Nähe, wobei die Kinder die nicht mehr gehfähigen Altenheimbewohner in Rollstühlen in den Park fahren.

Scheinbar ist das Wort „Seniorenspielplatz" nicht beliebt, man spricht seit 2008 in Nürnberg offiziell nur noch von einem „Bewegungspark für alle Generationen".

Klingt seriöser! Spielen ist aber doch erlaubt. Uns ist es nicht schwer gefallen, auf den Spielgeräten unsere eigenen Spiele zu erfinden, wie ja auch die Kleinen das tun. Es soll aber auch Erwachsene geben, die gar nicht wissen, was man auf einem Spielplatz oder im „Bewegungspark" machen kann. Für die gibt es Anleitungen im Internet, die man sich als pdf herunterladen kann. Erstellt wurden sie vom Zentrum für Erwachsenen- und Seniorensport „Zeus". Auch Aushänge geben Spielanleitungen, etwa zur Wackelbrücke oder zum Spinnennetz. Die sehen dann etwa so aus: „Übung 1: Steigen Sie langsam in das Spinnennetz zwischen die Seile. Nun können sie folgende Schrittmuster gehen, wobei Sie bei jedem Schritt ihre Knie nach oben anheben. Treten Sie mit jeweils einem Fuß in jedes Kästchen. Lassen Sie die mittleren Kästchen immer aus und machen große Schritte von links nach rechts. Steigen Sie rückwärts von Kästchen zu Kästchen." Und „Übung 2: Versuchen Sie das Spinnennetz zu überqueren, indem Sie auf die Seile treten. Halten Sie sich dabei an dem nebenstehenden Geländer fest."
Nun ja: Wir spielen lieber wirklich Spinne und Fliege, ist lustiger und erinnert weniger an ernsthaften, erwachsenen Sport.

Adresse:
Zentrum Aktiver Bürger
Gostenhofer Hauptstraße 63
90443 Nürnberg

Der generationenübergreifende Spielplatz befindet sich an der Hinterhofstraße in Eibach.

Öffnungszeiten:
Der Spielplatz ist das ganze Jahr über frei zugänglich. Im Sommer sind freitags 10–11 Uhr ehrenamtliche Betreuerinnen und Betreuer vom Zentrum Aktiver Bürger vor Ort.

Anfahrt mit öffentlichen Verkehrsmitteln:
Vom Nürnberger Hauptbahnhof aus mit der U-Bahn U2 Richtung Röthenbach, von dort mit dem Stadtbus 61 Richtung Schwabach bis zur Haltestelle „Eibach-Mitte" (Fahrtzeit: 25 Min.).

Kuriositäten in der Nähe:
- Europas größte freitragende Rutschanlage im Schwimmbad in Stein
- Taubenmuseum in Nürnberg
- Laubenmuseum in Nürnberg

Woraus soll der Lehrer rauchen, wenn die Pfeife nicht zu brauchen?

Die kleinste Pfeife der Welt im Deutschen Tabakpfeifenmuseum in Oberelsbach

Ob schon die Lehrer, die im Alten Schulhaus in Oberelsbach die Kinder des Ortes unterrichteten, Meerschaumpfeifen besaßen, wie Lehrer Lämpel aus „Max und Moritz“, weiß man nicht. Von jenem heißt es: „Nun war dieser brave Lehrer/Von dem Tobak ein Verehrer“.

Die meisten Pfeifen sind sicher erst mit der Sammlung Manger nach Oberelsbach gekommen. Auch Meerschaumpfeifen sind dabei. Dieses Material ist aus der Ablagerung und Versteinerung von Muscheln und Tintenfischen und was sonst so im Meere schwimmt, entstanden. Die Meerschaumpfeifen sind so beliebt, weil das poröse Material Wasser aufsaugt und der Tabakrauch daher trocken aus dem Mundstück kommt. Außerdem gibt Meerschaum, anders als Holz, keinen eigenen Geschmack ab. Die Reste bei der Pfeifenherstellung werden gemahlen und zu minderwertigeren Wiener Pfeifen gepresst. Davon gibt es im Museum zwei mit Fußballmotiv zu sehen, für den sportlichen Raucher, und auch eine Wallfahrtspfeife aus Cornelimünster, wo das Schürztuch aufbewahrt wird, das Jesus nach der Überlieferung umband, als er beim letzten Abendmahl den Jüngern die Füße wusch. Die gepresste Figur an der Pfeife scheint auch vollständig in ein knallrotes Tuch gehüllt. Ein Gesicht ist nicht zu sehen, weswegen die Darstellung eher an eine Dame in einer Burka erinnert. Der Name des Wallfahrtsortes ist auf dem Pfeifenkopf geprägt. Die Wallfahrtspfeife ist nicht die einzige ausgestellte Pfeife mit religiösem Motiv. Auf einer anderen aus Porzellan blickt ein kitschiger, mit Wunden übersäter, langhaariger Jesus leidend zum Pfeiferaucher hinauf, so als wolle er über den Gestank klagen.

Nicht aus Meerschaum, sondern aus Bruyère-Holz ist die kleinste Pfeife der Welt. Es handelt sich bei dem Material nicht um Teile eines Baumstammes, sondern um die Knolle einer Erikastaude. Aus einer Wurzel könnte man viele der Winzlingspfeifen machen, denn die ausgestellte ist nur 16,5 Millimeter klein und wird zum Größenvergleich neben einem Streichholz ausgestellt. Norbert Riemer hat sie geschnitzt und sich dabei vermutlich ziemlich die Finger ramponiert. Theoretisch kann man mit der Pfeife rauchen, man darf sie nur nicht aus Versehen mit dem Rauch inhalieren.

Bei manchen Pfeifen wird es militärisch. Unter der sehr umfangreichen Sammlung an Pfeifendeckeln, die aus Brandschutzgründen Vorschrift waren, sind auch glänzende Pickelhaubendeckel in verschiedener Ausführung zu finden. Pickelhaube wurden die oben mit einer Spitze versehenen Helme genannt, die das Militär in Preußen 1843 einführte. 1883 übernahm man sogar in Bayern die Helmform, die zum Symbol für das Militär schlechthin wurde. (In der Gebärdensprache der Gehörlosen symbolisiert der ausgestreckte, nach oben zeigende und über die Stirn gehaltene Zeigefinger die Pickelhaube. Diese Geste bedeutet „deutsch".) Die Ausstellung in Oberelsbach zeigt auch eine große Anzahl von Reservistenpfeifen, die die Raucher an ihre Zeit bei der Armee erinnern sollten.

Wie jede Pfeifensammlung beinhaltet die im Alten Schulhaus auch Studentenpfeifen und solche von Berühmtheiten. Neben einer Pfeife von den Politikern Kurt Biedenkopf und Norbert Blüm gibt es auch eine von Herbert Wehner und von Helmut Schmidt zu sehen. Der ehemalige Bundeskanzler gab sie allerdings nur unter der Bedingung ab, dass sie nicht unmittelbar neben der seines einstigen Parteikollegen aus der SPD steht, mit dem er kein besonders herzliches Verhältnis hatte.

Adresse:
Deutsches Tabakpfeifenmuseum
Valentin-Rathgeber-Haus
97656 Oberelsbach

Öffnungszeiten:
Während der Museumssaison 2. April bis 31. Oktober Mi, Sa, So und an Feiertagen 13–17 Uhr. Führungen für Besuchergruppen ganzjährig nach Vereinbarung unter Tel. 0 97 74/9 19 10 oder 0 97 74/91 02 60, Fax: 0 97 74/91 91 25 oder E-Mail: rathaus@oberelsbach.de

Anfahrt mit öffentlichen Verkehrsmitteln:
Vom Bahnhof von Bad Neustadt (Saale) mit dem Bus 8183 Richtung Rüdenschwinden bis zur Haltestelle „Oberelsbach Marktplatz" (Fahrtzeit: 33 Min.).

Kuriositäten in der Nähe:
- Zwei Sirenen, halb Mensch, halb Fisch, und andere geschnitzte Wesen am Zehnthaus von Nordheim vor der Rhön

Rent a Lion!

Requisitenverleih Schallameier in Odelzhausen

Ob ein Autohaus für die Schaufensterdeko eine alte Zapfsäule sucht, ein afrikanisches Lokal einen ausgestopften Löwen in die Gaststätte stellen möchte, eine Disko einige Gruselartikel für Halloween braucht oder ein Kaufhaus maritime Wochen veranstalten möchte, bei Schallameier finden sie die entsprechende Deko. Auch private Kunden sind willkommen. Man kann hier auch für seine Wohnung einen Riesen-Cowboystiefel mit Sofasitzfläche oder einen weißen Hai aus Fiberglas für das Badezimmer bekommen. Bei unserem Besuch waren gerade gerupfte Dekohühner im Angebot, das Stück für nur 2 Euro.
Die Dekorationsartikel füllen ein ganzes Lagerhaus. Sie sind nach Themen sortiert, aber nicht ausgestellt, wie in einem Museum, sondern für die Besitzer wiederfindbar gestapelt und raumsparend deponiert. Die Kirchturmuhr lehnt an der Fußgängerampel. Also nichts für Freunde übersichtlicher Vitrinen! Daher sind die Besitzer auch nicht erfreut, wenn sich Busgruppen durch das Lager schlängeln, denn zu vieles ist ungeschützt und zudem zerbrechlich. Am besten ist ein Besuch nach Voranmeldung, denn wenn gerade ein Lkw mit Kunststoffskeletten beladen wird, dann wären Neugierige eher im Weg.
Die vorhandenen Gegenstände zu beschreiben, ist kaum möglich, also listen wir hier einfach mal die eindrücklichsten Dekoartikel auf: Hexenhut (rosa, glänzend, trendy), Lichterketten, Graf Dracula, Grabkreuz (unbeschriftet), Kürbisse (kindergartenkindhoch), Engelsköpfe (zum Aufhängen), Herz (geflickt), Rehtrophäe,

Der Requisiteur

In Deutschland sind ca. 650 Requisiteure tätig, sie haben Weiterbildungen und Prüfung durch die IHK gemeistert. Es gibt Requisiteure traditionell in Theatern, aber besonders die Filmwirtschaft hat zu vielen Spezialisierungen geführt. So entstand schon in den frühen Tagen des Films die „Außenrequisite“, die für die Beschaffung und Bereitstellung von Requisiten außerhalb des Studios zuständig ist. Es gibt unter den Requisiteuren Spezialisten für Kleidung, Pyrotechnik, Waffen, Fahrzeuge usw., sie sind nicht nur für die Bereitstellung der benötigten Requisiten, sondern auch für den richtigen Einsatz und korrekte Anwendung zuständig. Die deutschen Requisiteure sind in einem eigenen Berufsverband, dem Verband der Requisiteure und Set Decorator e.V. (VdR/SD e.V.) organisiert.

Weihnachtsmänner (Blech, die Hose rot-weiß gestreift, Hemd blau mit weißen Sternen; passend zur US-Fahne), Totempfähle, Elchschaufeln, Eisbär (grübelnd, was das alles soll), Filmscheinwerfer, Bambusstäbe, Herrnhutersterne, Telefonzelle (britisch), Bobbyuniform (britisch), Sektkühler, Affen (tot), ein Kamel (mit Schmucktrense), ein Ballonfahrerkorb, ein Bild des Eiffelturms, ein Globus, ein Parkplatzschild, ein Parkverbotsschild, ein Fußwegschild, Kunstblumen (sehr künstlich), ein rosa Eiswagen (mit Speichenrädern und irre italienisch), Chinesenhüte (spitz), Ölkannen, eine Ferrarifahne, Blaulicht (am Stiel), Personenwaage mit Kartenausgabe (Stillstand der Scheibe abwarten!), VW-Käfer (gelb, halbiert), Schaufensterpuppen (nackig), Stockente (ausgestopft), Fasan (abgelebt), Rebhuhn (Leiche), Feldhase (erschossen), Wildschweinfell, Schinken, Friseurstühle, Trockenhauben, Babybadewanne (emailliert), Wärmflasche, Waschmittelpackungen (Persil, Sil, Perwoll, Quasi, Rei, Henko, Perflor, Rimo), Bayer (dickbäuchig, aus Pappmaschee), Vogelkäfig, Hobel, Pferdeköpfe, Gliedmaßen aller Art, Nussknacker (bemalt oder unbemalt), Hund (geflochten), Hosenträger, eine Registrierkasse, Reithelme, Reisekoffer, Boxhandschuhe, Haifischgebiss (aufgerissen), Netze und Außenbordmotoren.
Die Aufzählung ließe sich unendlich fortsetzen. Aber staunen Sie selbst!

Adresse:
Willy Schallameier
Robert-Bosch-Straße 19
85353 Odelzhausen

Öffnungszeiten:
Mo–Fr 9–12 und 13–18 Uhr, Sa 10–16 Uhr; um vorherige Anmeldung unter Tel. 0 81 34/55 99 50 wird gebeten. Das Lager ist teilweise eng, daher können keine Großgruppen geführt werden.

Anfahrt mit öffentlichen Verkehrsmitteln:
Vom Bahnhof München-Pasing aus mit dem Regionalbus 732 Richtung Höfa bis zur Haltestelle „Rudolf-Diesel-Straße" in Odelzhausen (Fahrtzeit: 21 Min.).

Kuriositäten in der Nähe:
- Schuhmacherei für historisches Theater – Hiegl in Odelzhausen
- Europas größter Schaumgenerator in Friedberg
- Baumaschinenmodellmuseum in Kühbach
- Baumhaushotel in Pöttmes
- Spargelgeschirrsammlung in Schrobenhausen
- Flohzirkus in Hohenwart
- Eisskulpturenwerkstatt in Baar

Mogeln die Mönche?

Pastetenformen im Kupfermuseum in Pähl-Fischen am Ammersee

Viele Jahrhunderte lang aßen die ärmeren Menschen vornehmlich Brei, die reicheren Sülzen und Pasteten. Schließlich hatten sie schon oft in jungen Jahren nur noch Stummel im Mund und konnten Knackiges nicht kauen. Sülzen kann man auch ohne Blend-a-med-Gebiss verzehren. Sie bestehen aus weich gekochten Häppchen und werden durch ein Gelee, das man aus Schweineschwarten, Knochen und Haut kochen kann, zusammengehalten. Formen aus Metall oder Glas werden stark gekühlt, mit gewürztem, zähflüssigem Gelee ausgegossen und wieder gekühlt, bis sich an der Gefäßwand eine dünne Schicht angelagert hat. Das übrige Gelee wird abgegossen – und nun beginnt das Legespiel der Köche. Sie fügen kleine Scheiben von Fleisch, Fisch, Trüffeln, Gemüse oder Ähnlichem in die kalte Füllung ein, gießen die nächste flüssige Geleeschicht auf und nachdem das Gelee im Eis vollständig erstarrt ist, werden die Formen kurz in heißes Wasser getaucht und die Sülzen auf Teller gestürzt. Das Auge aß natürlich auch in 18. und 19. Jahrhundert mit. Essen musste schön sein – und so wurde auf kunstvolle Sülzenschalen viel Wert gelegt. Hasenpasteten sollten die Form von Hasen, Krebssülzen die Form riesiger Hummer bekommen. Eine große Zahl an solchen rotgolden glänzenden, kupfernen Sülzschalen aus Klöstern sind in Pähl zu sehen.
Theoretisch durften die Brüder in den Klöstern, aber auch katholische Laien, recht selten schlemmen. Teilweise galt für 130 Tage im Jahr ein Fastengebot. An diesen Tagen, etwa vor Ostern oder vor Weihnachten, sollte man nicht durch zu viele Genüsse abgelenkt werden und durch den Verzicht frei werden für religiöse Erkenntnisse. Doch mit der Askese nahm man es in den Klöstern nicht immer so genau. Zum einen kamen immer wieder in Deutschland kostspielige und aufwändig zube-

Sülzrezept

1,5 kg Rinder-Rückenstrang, zwei Kalbsfüße, einen Schweinefuß und ein Eisbein in Stücken mit einem Viertel Sellerie, einer Karotte, einer Zwiebel, Pfeffer und Salz in etwas Wasser ca. 2 Stunden kochen. Dann den Schaum abnehmen, das Fleisch herausnehmen, die Brühe etwa auf die Hälfte einkochen. Nun die Brühe abseihen, fest werden lassen, das Fett abnehmen und wieder erwärmen, bis sie erneut flüssig ist. Noch einmal durch ein Tuch laufen lassen. Weiter wie im Haupttext beschrieben.

reitete Seefische auf den Tisch, zum anderen konnte man gerade bei Pasteten und Sülzen gut mogeln: Der Verzehr von warmblütigen, vierbeinigen Tieren war untersagt, doch wenn des Gericht in einer Fischform daher kam, ob Gott da so genau schaut, mit was sie gefüllt ist?

Kupferwaren sind heute wieder in guten Küchen zu finden, die Töpfe eignen sich sehr gut für Saucen und Suppen, da das Material die Wärme sehr gut leitet. Die Hitze verteilt sich dadurch gleichmäßiger, was einem Anbrennen vorbeugt.

Kupfergeräte waren bis Anfang des 20. Jahrhunderts nicht nur in Klosterküchen, sondern überall gebräuchlich. Aber warum sind sie so selten geworden und auf Flohmärkten so viel schwerer zu finden als alte Mausefallen und Schaumlöffel? Der Großteil des Kupfergeschirrs wurde in den Weltkriegen zu Patronenhülsen verarbeitet. Bei groß angelegten Kupfersammlungen bekam man Eisenpfannen für die wertvolleren Kupfergerätschaften. Auf einem mit einem Paar – der Mann in Uniform – verzierten Tiegel steht: „Kupfer gab für Eisen hin, der deutschen Hausfrau Opfersinn“. Eisen war deutlich billiger als das Buntmetall!

Was aus Eisen ist, muss aber nicht Eisen blieben. In Špania Dolina in der Slowakei, das auf Deutsch „Herrengrund“ heißt, ließ sich Eisen auf wunderbare Weise in Kupfer verwandeln. An sich war da kein Mysterium im Spiel, sondern Wasser. Dieses war durch alte Abraumhalden von Kupferbergwerken geflossen. Wenn man nun Eisenwaren in dieses Wasser stellte, waren sie schnell verkupfert – nur oberflächlich natürlich. Das Wunder kam den Menschen in dem abgelegenen Bergkaff sehr gelegen, denn schon zu Beginn des 17. Jahrhunderts wurde der echte Bergbau unrentabel, doch durch das Kupferwunder klingelte die Kasse.

Adresse:
Kupfermuseum Fischen
Herrschinger Straße 1
82396 Pähl-Fischen am Ammersee

Öffnungszeiten:
Mi–Sa 10–16 Uhr und nach Voranmeldung (für Gruppen erbeten) unter
Tel. 0 88 08/9 21 91 31, E-Mail: info@kupfermuseumfischen.de

Anfahrt mit öffentlichen Verkehrsmitteln:
Ab dem S-Bahn-Halt Herrsching mit dem Stadtbus 9653 Richtung Weilheim (Oberbayern) bis zur Haltestelle „Vorderfischen“ (Fahrtzeit: 12 Min.).

Kuriositäten in der Nähe:
- Holzkruzifix aus der Zeit um 1250 in Wessobrunn, das man mehrere Jahrhunderte lang irrtümlich für eine Frauendarstellung – die heilige Kümmernis – hielt

Ottilie alias Otto

Ein zahmer Grüner Leguan im Reptilienzoo in Regensburg-Burgweinting

Der Reptilienzoo in Regensburg wirkt von außen nicht sonderlich einladen und auch innen bemüht sich der Zoo nicht, den Besucher in Urlaubs-Tropen-Feeling zu versetzen. Der Boden ist gekachelt, die Wände in dem Blaugrün von Tiefgaragentüren gestrichen. Die Anlage ist tiergerecht. Alle Mitglieder des ihn betreibenden Vereins sind Tierexperten: Zoologen und Tierfilmer. Sehr menschengerecht ist das Ambiente dagegen nicht. Und doch zieht des Terrarium viele Besucher an. Ein großer Teil der Gäste kommt wegen seines berühmtesten Bewohners: Otto, ein Grüner Leguan, ist der Star des Reptilienzoos. Er liegt gerne auf dem Ofen oder auf beheizten Terrarien und wärmt sich. Mal klettert er aber auch auf seine Leiter oder kommt den Besuchern auf dem Boden entgegen. Otto lässt sich streicheln und kennt keine Scheu! Kuscheln kann man leider nicht mit Otto, dazu ist seine Haut mit den kleinen Nöppchen etwas zu rau. Sieben Jahre ist Otto nun schon alt. Genau genommen ist es ein weiblicher Leguan und müsste Ottilie heißen, doch es ist in Regensburg Tradition, dass alle vereinseigenen, zahmen Leguane Otto getauft werden. Seit 30 Jahren lebt im Vereinsheim immer ein Streichelreptil. Sie werden alle nach Otto von Frisch benannt. Der Zoologe war von 1977 bis 1995 Direktor des Staatlichen Naturhistorischen Museums Braunschweig und präsentierte in den 1970er-Jahre die Fernsehserie „Paradiese der Tiere“.

Otto ist nicht der einzige Grüne Leguan im Tierhaus. Es gibt noch ein Terrarium mit Artgenossen, die hinter Glas leben. Sie wurden von ihren Besitzern weggegeben. Die hatten sich einen putzigen jungen Leguan gekauft und sich erschreckt, dass die Haltung dieses Tieres wegen der Wärmestrahler und dem Wunsch nach abwechslungsreichem Frischfutter um die 120 Euro monatlich verschlingt und dass der Leguan nicht klein bleibt. Ein erwachsenes Tier kann zwei Meter lang werden und braucht, um Platz zum Klettern zu haben, ein eigenes Zimmer, einen Wintergarten oder ein Riesenterrarium. Die meisten Tiere in den Zoohandlungen stammen aus Zuchten in Kolumbien. Dort wandern die in großen Mengen gehaltenen schmackhaften Tiere in den Kochtopf oder werden billig ins Ausland, z. B. nach Deutschland, exportiert.

Viele Halter sind enttäuscht, wenn ihr Leguan eben nicht so zahm wird wie Otto. Jeder Leguan hat eben seinen eigenen Charakter und es gibt auch nicht zutrauliche Eigenbrötler unter ihnen. So ein Leguan hat ziemlich viel Hirn. Auch Otto alias Ottilie durfte schon an Intelligenztests von Verhaltensforschern teilnehmen. Sie ist in der Lage herauszufinden, welchen Umweg sie nehmen muss, wenn sie einen tollen Nahrungsbrocken nicht auf dem direkten Weg erreichen kann. Die Leguanin ist

zwar nicht so helle wie ein Schimpanse, aber alleine durch ihr räumliches Vorstellungsvermögen ist sie beispielsweise einem Haushuhn deutlich überlegen.
Otto schaut auch gerne mal in die anderen Terrarien. Da gibt es auch für menschliche Tierfreunde viel zu sehen, etwa die kuriose Geierschildkröte. Ihre Zunge sieht aus wie ein Wurm und wird von ihr als Köder verwendet. Die massige, langschwänzige Schildkröte liegt unter Wasser versteckt und hält ihren Mund aufgesperrt. Wenn ein Fisch in das Maul schwimmt, so wird dieser entweder ganz verschluckt oder durch schnelles Zuschnappen zerquetscht. Ähnlich kräftig ist der Schnabel der immer etwas unzufrieden aussehenden Schnappschildkröte. In Regensburg kann man die Art, für die es in Deutschland wegen zu vieler ausgesetzter Tiere seit 1999 ein Allgemeines Handels-, Neubesitz- und Nachzucht-Verbot gibt, beobachten. Sie kann mühelos einen Besenstiel zerhacken. Neben Gabunvipern, Scheltopusiks, einem Kornnatter-Albino, Felsenleguanen und Blauzungenskinks beeindruckt besonders der Tokee. Die Zehen sind wie bei allen Geckoarten mit breiten Haftlamellen versehen. So kann die schwere Echse mühelos an Glasscheiben auf und ab laufen. Er ruft laut: „Tokee“, was ihm seinen Namen gab.
Sie sind ein Freund von Museumsshops und wollen gerne etwas mit nach Hause nehmen? Die Artikelauswahl ist an der Kasse des Reptilienzoos begrenzt. Das Glas mit dem Schnaps, in dem eine Schlange eingelegt ist, steht zwar an der Kasse, ist aber unverkäuflich. Ab 2 Euro aber bekommt man als Souvenir eine abgestreifte Schlangenhaut.

Adresse:
Reptilienzoo Regensburg
Verein für Herpetologie e.V.
Obertraublinger Straße 25
93055 Regensburg-Burgweinting

Öffnungszeiten:
Täglich, auch an Sonn- und Feiertagen, 10–18 Uhr.

Anfahrt mit öffentlichen Verkehrsmitteln:
Ab Regensburg mit der Buslinie 9, 11 oder 31 bis zur Haltestelle „Burgweinting-Kirche“.

Kuriositäten in der Nähe:
- Golfmuseum in Regensburg
- Jüngstes Mordkreuz Bayerns in Regensburg
- Nazimodellsiedlung Wolfkofen mit einziger von den Nationalsozialisten bezahlter Kirche

BLABLA

Eine Schreibmaschine für gedankenleere Sätze im Klingenden Museum in Riedenburg

Dieser Reiseführer enthält viel BLABLA. An sich wäre daher die Schreibmaschine von Felix Gottwald für uns ideal gewesen. Wer auf ihr schreibt, muss nicht mehr denken, denn sie schreibt nur BLABLA und, das ist doch klar, nur in Großbuchstaben, spezialisiert auf wichtiges BLABLA.

Die Idee zu der BLABLA-Schreibmaschine hatte Willy Moese. Der 1927 in Barcelona geborene Künstler arbeitete als Pressezeichner und Karikaturist in der DDR. Er war nicht aus politischen Gründen als junger Mann aus Bayern in die DDR gegangen, sondern weil sich ihm dort berufliche Möglichkeiten boten. 1977 durfte er ein Exponat zur 8. Kunstausstellung der DDR beitragen. Diese wurde in Dresden alle fünf Jahre vom Ministerium der Kultur und dem Verband bildender Künstler organisiert. Hier wurden moderne Kunst und Design präsentiert. 1977 kamen über eine Million Besucher. Und natürlich ließ sich auch die Staatsspitze bei so einem Ereignis blicken und lobte die Exponate – auch die umgebaute Adler-Schreibmaschine mit nur drei Tasten von Willy Moese. „Auf so einer Schreibmaschine habe ich das Maschinenschreiben gelernt!“, soll der Leiter des Staatsrates, Erich Honecker, beim Anblick der „Plastikatur“ gesagt haben. Hat er den Spaß verstanden und selbstironisch reagiert? Wohl kaum. Eher hat er nicht genau hingesehen. Die BLABLA-Schreibmaschine ist nämlich ein umgebautes Adler-Modell Nr. 7. Diese wurde in Honeckers Jugend zwischen 1899 und 1930 hergestellt.

Schellack

Nein, nein, nein, alte Platten sind nicht grundsätzlich „Scheiße“ – jedenfalls nicht die auf ihnen konservierte Musik. Dennoch besteht das Material der Platten zu einem nicht geringen Teil aus den Ausscheidungen von Läusen. Platten aus dem Kot der Schellackläuse wurden in der damaligen Bundesrepublik Deutschland bis 1958 hergestellt. Für ein Gramm Schellack benötigte man 300 der kleinen asiatischen Tierchen, die sich von Baumsäften ernähren. Sie piksen die Äste an, saugen Flüssigkeit heraus und geben das Harz wieder ab. Schellack, den man auch für die Ummantelung von Schokobonbons, als Holzlack oder in Biohaarspray verwendet, verzieht sich leicht bei Feuchtigkeit und wird im Trockenen spröde und brüchig. Das machte die Schellackplatten empfindlich.

Willy Moese gab sich mit seiner subtilen Regimekritik nicht zufrieden. Er unterzeichnete auch den offenen Brief gegen die Ausbürgerung des auch heute noch kritisch klampfenden Sängers Wolf Biermann aus der DDR. Moese wurde daraufhin von der Stasi bespitzelt.

Die BLABLA-Maschine von Moese ist Symbol, Rebellion, nicht Schreibgerät. Sie hatte eine Tastatur mit den Buchstaben B, L und A – aber keine Typen. Sie war eine Attrappe. Es gibt aber einen Nachbau, der technisch einwandfrei funktioniert. Den hat Felix Gottwald nach Rücksprache mit Herrn Moese gebaut. Gottwald war, bis er in den Ruhestand ging, Büromaschinenmechaniker, ein Beruf, den es heute im Zeitalter der Printer und Laptops nicht mehr gibt. Seine Schreibmaschine schreibt wirklich BLABLA, wofür die Typen der Originalmaschine umgelenkt werden mussten. Sie schlägt an! Wir haben es Schwarz auf Weiß.

Im Klingenden Museum ist die BLABLA-Schreibmaschine längst nicht das einzige kuriose Gerät. In der weltgrößten beeindruckenden Grammophonnadeldosensammlung des Museumsbesitzer Max Krieger gibt es ein Päckchen Kaktusstacheln für Musikfreunde für Krisenzeiten, ansonsten steht in dem Museum ein unglaublich wohnlich-biederes Grammophon in einer Schirmlampe, ein Klorollenhalter für Freunde der Unterhaltungsmusik, Münzradios und eine Tarnantenne, die man unter dem Teppich verstecken konnte, um im Zweiten Weltkrieg um 20 Uhr die Nachrichten von Radio London zu hören. Auch die größte und die kleinste Schellackplatte der Welt ist zu sehen. Die umfassende, einmalige Sammlung ist exzellent dargeboten und bietet zahlreiche Tondokumente.

Adresse:
Klingendes Museum
Mühlstraße 3
93339 Riedenburg

Öffnungszeiten:
Täglich 9–12 und 14–18 Uhr, Sa nur 9–12 Uhr, mittwochnachmittags geschlossen. An Sonn- und Feiertagen nur nach Anmeldung geöffnet. Besuch vorab unter Tel. 0 94 42/90 50 80 anmelden. Für weit anreisende Besucher wird nach Anmeldung auch zu „unmöglichen Zeiten“ geöffnet.

Anfahrt mit öffentlichen Verkehrsmitteln:
Vom Bahnhof in Saal (Donau) mit dem Bus 6022 Richtung Riedenburg bis zur Endhaltestelle fahren (Fahrtzeit: 30 Min.).

Kuriositäten in der Nähe:
- Klingender Christbaumständer im Musikapparatemuseum Beilngries

Ausgeweiht

Hornschnitzerei Stuhlmüller in Riedering

Manche Werkstätten sind von Wohlgeruch erfüllt. In Bäckereien etwa duften Brote. Bei Herrn Stuhlmüller in der Wintergartenwerkstatt hinterm am Ortsrand gelegenen Wohnhaus müffelt es durchdringend, etwa so, wie wenn man den Föhn falsch herum gehalten und sich die Haare versengt hat. Es ist der Geruch, der entsteht, wenn Horn bei der Bearbeitung heiß wird, wenn man es bohrt und fräst.

Der von Herrn Stuhlmüller verarbeitete Grundstoff sind Geweihe: Rehgehörne und Hirschgeweihe werden ihm von Jägern und Forstämtern angeboten, aber auch Elchschaufeln werden in dem Kleinbetrieb verarbeitet. Der individuelle Schmuck ist auch für Vegetarier bedenkenlos tragbar, denn die Hirsche müssen nicht erlegt werden, um ihr Geweih abzugeben. Es wird jährlich abgestoßen und braucht nur 100 Tage, bis es wieder in alter Pracht auf dem Kopf thront.

Daraus schnitzt Herr Stuhlmüller ganze Naturszenen. Eine braune Elchschaufel mit zehn Zacken beherbergt einen weißen, durchbrochenen, plastisch gestalteten Wald mit Nadelbäumen und Stümpfen. Die Baumrinden haben Struktur und sogar filigran ausgearbeitete Grashalme ragen in die ausgehöhlte Schaufel. Links ist ein

vollplastischer Greifvogel gestaltet. Von rechts nähert sich ein stattlicher Elch umgeknickten Bäumen. Kitsch? Vielleicht, aber sogar ein Kunstprofessor war schon Kunde – begeistert von der Meisterschaft des Schnitzers, der sich das Können selbst angeeignet hat und von der bekannten Schnitzerschule in Oberammergau eingeladen wurde, um sein Wissen weiterzugeben.
An der Werkstattdecke hängt ein elektrifiziertes, mit Lämpchen versehenes Hirschgeweih, durch das mühevoll Kabelkanäle gebohrt wurden. Nicht immer verarbeitet die Einpersonenwerkstatt ganze Geweihe. Die meistens Hüte zierenden Broschen sind aus den Rosetten von Rehen hergestellt. Der Schnitzer setzt Kundenwünsche um, egal ob jemand sein Handwerkssymbol, sein Instrument oder seinen Schatz aus Horn bestellen möchte. Ein Foto oder eine Zeichnung genügt. Auch eine Kirche war schon Kunde. Schließlich sind Hornelemente im Kirchengerät ökologischer als möglicherweise illegales Elfenbein. Wer allerdings eine Sonderanfertigung in Auftrag geben möchte, braucht Geduld. Die Wartezeit beträgt ein halbes bis zu einem dreiviertel Jahr, denn nicht nur Deutsche wollen ihr individuelles Schmuckstück, etwa Gämsen, Steinböcke, ein Monogramm oder König Ludwig als Halsschmuck, es werden auch von US-amerikanischen Cowboys immer wieder hörnerne Buffalos am Lederband gewünscht oder Minicolts in Auftrag gegeben. Solche gibt es auch in den Vitrinen der Werkstatt.
Von der Stange gibt es Edelweiße, die etwa eineinhalb Stunden Arbeitszeit benötigen, Gamsbarthalterungen, Messer mit Horngriff und Hirschhornknöpfe aus den Resten. Schon *horny*? Zeigen Sie's dem Liebsten mit hörnernen Herzknöpfen.

Adresse:
Hornschnitzerei
Siegfried Stuhlmüller
Rosenweg 3a
83083 Riedering

Öffnungszeiten:
Di–Fr 9–12 und 13–18 Uhr (eventuell Abweichungen wegen Marktterminen möglich),
Sa nach Vereinbarung unter Tel. 0 80 36/77 94.

Anfahrt mit öffentlichen Verkehrsmitteln:
Von Rosenheim aus mit dem Stadtbus 9496 Richtung Schloßeinkehr/Kampenwand bis nach Riedering, Haltestelle „Anfang" (Fahrtzeit: 18 Min.).

Beutenkunst

Bienenbeuten von Birgit Maria Jönsson in Roßtal-Buchschwabach

Marilyn Monroe ist eine hölzerne Schönheit. Ihre blonden Haare liegen bei jedem Wetter gut. Sie steht, die Beine zum X verdreht, in weißen Riemchensandalen, aus denen ihre rot lackierten Fußnägel blitzen. Der Wind scheint das weiße Kleid nach oben zu wehen, das sie mit ihren Händen nach unten drückt. Die Augen hat sie lustvoll geschlossen, den knallroten Mund leicht geöffnet, denn es kribbelt unterm Rock. Sie hat keine Schmetterlinge, sondern Bienen im Bauch, die durch einen Schlitz unter dem Rock in ihre Eingeweide krabbeln. Marilyn Monroe ist hohl – nicht im Kopf, aber im Körper. Sie dient einem Bienenvolk als Behausung. Ihr Liebhaber steht hinter ihr. Es ist nicht Arthur Miller, sondern ein bayerischer Zimmermann mit weiten Hosen und schwarzem Hut, aber mit 50er-Jahre-Koteletten und Schnorres. Die Arme hat er verschränkt, durch die Löcher des Wams fliegen die Insekten aus und ein.

Der Zimmermann und die Schauspielerin sind Figurenbeuten. Diese Unterkünfte für Bienen haben eine lange Tradition. Im Barock begannen Imker im Winter aus Baumstämmen Personen zu schnitzen und sie innen auszuhöhlen. Sie stellten sie bei den Bienenstöcken auf. Das hatte den praktischen Nutzen, dass Bären, die den süßen Honig erbeuten wollten, sich erschreckten, wenn sie die menschenähnliche Figur erblickten. Des Weiteren war eine schöne Figurenbeute Statussymbol und Kunstwerk. Während der Honig aus den Körben und Stöcken verkauft wurde, durften die Bienen in den Figurenbeuten das von ihnen Gesammelte behalten.

Birgit Maria Jönsson stellt mit der Kettensäge moderne Beuten her. Sie arbeitet

Marilyns Paraderolle

Eine acht Meter hohe Statue von Marilyn Monroe ist 2011 in Chicago enthüllt worden. Sie zeigt die Filmschauspielerin in derselben Pose wie die Bienenbeute in Buchschwabach. Die Szene stammt aus dem Film „Das verflixte 7. Jahr“, in dem der weiße, weite Rock des Filmstars von der Abluft der U-Bahn aufgewirbelt wird. Der Film wurde 1955 von Billy Wilder gedreht. Die Szene wurde im Beisein einer kreischenden, begeisterten Menschenmenge zunächst in New York – und zwar in Manhattans Lexington Avenue, Nähe 52. Straße – gedreht, die Zuschauer waren aber auf dem Filmmaterial so laut zu hören, dass die Szene in Hollywood im Studio der 20th Century Fox wiederholt werden musste.

auch nach Kundenwünschen. Sie hat bereits einen Bären fabriziert, in den freiwillig ein Bienenvolk einzog, ohne Angst, von dem Säugetier bestohlen zu werden. Hagen von Tronje steht als wehrhafte Figur auf dem Drachenfels und zum 250. Geburtstag von Johann Wolfgang von Goethe fertigte die Künstlerin für das Deutsche Bienenmuseum in Weimar einen Dichter und Denker mit einem Schwarm im Kopf: wie passend für den liebestollen Autor. Am Klarweiher bei Lentersheim fliegen einem Holzschwein die Bienen aus den Nasenlöchern. Es gibt von Birgit Maria Jönsson einen ruhenden Buddha, in dem es schwirrt und vor dem man in Wimpashof in Mittelfranken beim Beobachten der fleißigen Insekten meditieren kann. Es geht aber auch katholisch: In Balingen steht als Figurenbeute Maria mit Kind. Die Figurenbeute mit der Darstellung des Heiligen Ambrosius, des Schutzpatrons der Imker und der Bienen, befindet sich wie Marilyn in Buchschwabach.

Um sich eine Figurenbeute in den Garten zu stellen, muss man kein Imker sein. Man muss auch keine Bienen kaufen, denn gerade wilde Bienen finden heute häufig keine morschen Bäume mehr, die ihnen einen Hohlraum bieten. Zur Not hilft man mit einer Lockpaste nach. Da die Bienen seit Jahrhunderten auf Sanftmut hin gezüchtet wurden, kann man sie auch gut im eigenen Garten in der Stadt halten. Wenn man an der bewohnten Figur ein Türchen im Rücken öffnet, dann kann man den zu Isolierung dienenden Filz zurückschlagen und ohne Gefahr durch eine Plexiglasscheibe die Bienen beim Schwänzeln und Wabenbauen beobachten. Und man kann auch mal mutig sein und naschen, denn die Bienen finden heute in der Innenstadt häufig mehr Blüten als in landwirtschaftlichen Regionen, bestäuben die Obstbäume der Nachbargärten und sammeln Nektar.

Adresse:
Gehring Holzbau
Kirchberg 11
90574 Roßtal-Buchschwabach

Birgit Maria Jönsson lebt in der Johannisstraße 45 in 90419 Nürnberg.

Öffnungszeiten:
Die Figuren sind frei zugänglich.

Anfahrt mit öffentlichen Verkehrsmitteln:
Vom Bahnhof in Roßtal aus mit dem Regionalbus 714 Richtung Buchschwabach bis zur Haltestelle „Buchschwabach-Mühlbachweg“ (Fahrtzeit: 22 Min.).

Kuriositäten in der Nähe:
- Schnupfmaschinensammlung des Schnupfclubs Dechendorf

Taufe aus der Traufe

Die Leichen im Keller des Museumshofs in Roßtal

Roßtal sehen und sterben – so endete das Leben nicht weniger Menschen, die sich in der Region strafbar machten. Seit 1420 besaß das Dorf ein peinliches Halsgericht und ein Ehehaftgericht. Peinlich heißt hier nicht, dass sich der Ort wegen des Gerichts geschämt hätte, sondern dass die Strafen, die verhängt wurden, schmerzhaft, in der Regel tödlich waren. Das Gericht hatte also bei schweren Straftaten Recht zu sprechen und es zu vollziehen, dazu zählten neben Mord und Raub auch so hinterhältige Verbrechen wie Ehebruch oder Hexerei. Das Gericht war unter anderem zuständig für die Dörfer mit den wohlklingenden Namen Fernebrünst, Leichendorf, Loch, Ödenreuth, Trübendorf und Wintersdorf – insgesamt 64 Orte.
Zu den Verbrechen, die mit dem Tode bestraft wurden, gehörte auch der Kindsmord. Aber die harten Strafen schreckten junge Mütter nicht ab, ihre Kinder zu töten. Im 17. und 18. Jahrhundert nahmen die Kindsmorde sogar zu. In den seltensten Fällen waren die Delinquentinnen verheiratet. Es waren Frauen, die teils von Arbeitgebern missbraucht worden waren, die aber nun von der Gesellschaft verachtet wurden. Frauen, die eine außereheliche Beziehung hatten, drohte der Pranger oder öffentliche Prügel. In der Kirche in Roßtal gab es neben Bänken für Handwerker und Bänken für Bauern auch solche, die für Huren reserviert waren, worunter jede Frau fiel, die ihre Jungfräulichkeit außerhalb der Ehe verloren hatte. Selbst wenn sie noch einen Mann fand, durfte zur Hochzeit nicht die übliche Glocke läuten. „Unkeusche" Mägde verloren ihren Arbeitsplatz, Bauern- und Handwerkertöchter wurden verstoßen. Wer ein Kind auf die Welt brachte, ohne verheiratet zu sein, war zu lebenslanger Armut verdammt, und so wundert es nicht, dass immer wieder Frauen versuchten, den unerwünschten Nachwuchs loszuwerden.
Aus den Gerichtsakten geht hervor, dass in Roßtal eine Kindsmörderin 1710 erst geköpft und dann so lange an den Galgen genagelt wurde, bis ihr Fleisch verwest und gefressen war. Erst dann verscharrte man die Mörderin – und zwar mit dem Kopf zwischen den Beinen. Vermutlich ist es dieses Skelett, das heute im Keller des Museumshofes zu sehen ist. Es liegt unter Glas auf der Erde in Fundstellung. An den Händen sieht man noch die Nagelspuren. In älterer Forschungsliteratur liest man, dass man bei manchen, selbst natürlich verstorbenen Personen den Kopf zwischen die Beine gelegt hat, um zu verhindern, dass der oder die Tote als Wiedergänger zu den Lebenden zurückkehrt. Heute weiß man, dass das falsch ist, weil es bei uns in Mitteleuropa wohl die Vorstellung von Nachzehrern gegeben hat, also von Gestorbenen, die aus dem Grab heraus Unheil anrichten, doch dafür mussten

sie nach üblicher Vorstellung nicht das Grab verlassen – und ein Kopf war dazu auch nicht nötig.
Neben dem Skelett der Frau liegt ein viel kleineres. Es ist ein Babyskelett, das neben dem Pfarrhaus in Roßtal gefunden wurde – und zwar genau unter dem Walmdach. Wenn ein Säugling verstarb, ehe er getauft war, so war es den Angehörigen verboten, das Kind in geweihter Erde zu begraben. Es musste vor den Mauern des Friedhofs bestattet werden. So begruben Eltern die kleinen Toten dort, wo das Regenwasser von geweihten Gebäuden auf den Boden traf: Das Wasser wurde damit geweiht und das Kind nach und nach – so die Hoffnung – doch noch getauft. In Roßtal wurden sechs Säuglingsskelette gefunden, die direkt vor dem Pfarrhaus lagen.
Nun müssen Sie nicht fürchten, das ganze Roßtaler Museum sei morbide. Die ehrenamtlich betreute und liebevoll präsentierte Sammlung zeigt viele Gegenstände nah am Leben: Bettpfannen, historischer Kinderpuder, indische Mottenkräuter, Steinnusshosenknöpfe und Radfahrkarten, Sockenhalter und eine Bügeleisensammlung.
Und dann ist da noch das Eiereinlegemittel „Huhn im Winter". Im Winter legen traditionell gehaltene Hühner wenige oder gar keine Eier. Wenn man dennoch früher im Winter Eier essen wollte, benötigte man ein Einlegemittel: Es hieß „Wasserglas" und war eine alkalische, ziemlich aggressive Silicatlösung. Selbst Glas wurde davon angegriffen, weswegen man Eier immer in Steinguttöpfen eingelegt hat. Das angerührte Einlegemittel dichtete die Poren der Eierschalen ab und machte die Eier bis zu einem halben Jahr haltbar.

Adresse:
Museumshof Roßtal
Schulstraße 13
90574 Roßtal

Öffnungszeiten:
Jeden 1. So im Monat 14–17 Uhr, Gruppenführungen nach Voranmeldung unter Tel. 0 91 27/57 97 88 jederzeit möglich.

Anfahrt mit öffentlichen Verkehrsmitteln:
Ab Nürnberg mit der S4 Richtung Ansbach bis zum Bahnhof „Roßtal-Wegbrücke" (Fahrtzeit: 20 Min.).

Kuriositäten in der Nähe:
- Grab des standhaften Moslems Carl Osman in Rügfeld
- Saurierfußabdrücke im Heimatmuseum Langenzenn
- Judensaurelief in Cadolzburg

Viele bunte Patronen

Museum für historische Wehrtechnik in Röthenbach

Das Museum für historische Wehrtechnik bei Nürnberg wird seit 1983 von einem Trägerverein betreut, dessen Mitglieder auf über 800 Quadratmetern Dinge zusammengetragen haben, mit deren Hilfe man sich gegenseitig umbringen kann. Die Museumsmacher kennen sich da richtig gut aus, sind aber in ihrer Art doch eher friedliebend und ganz, ganz freundlich zu den Besuchern. Wer etwas über Waffentechnik und deren Verwendung erfahren möchte, bekommt hier umfangreiche fachkundige Erklärungen und dazu viel martialisches Gerät zu sehen. Schon im Eingangsbereich sieht man die Rekonstruktion eines Flakstandes aus den Tagen der Luftangriffe auf Nürnberg in natürlicher Größe. Die Erhaltung von wehrtechnischem Gerät ist erklärtes Hauptziel des Museums, das versucht, Exponate aus den folgenden Bereichen zu präsentieren: Faust- und Handfeuerwaffen, schwere Infanteriewaffen, Munition, Flugzeug- und Panzerabwehrmittel, Festungsgerät, Luftfahrtgerät, Optik, Richtmittel, Nachrichtengerät, Sanitäts- und Luftschutzgerät, Gasschutz, Pioniergerät, Transport- und Kampffahrzeuge, Rohrartillerie, Raketenartillerie, allgemeine Heeresausrüstung – genug Ausrüstung für einen Kleinkrieg, möchte man angesichts der Mengen von Kriegsgerät meinen. Auf jeden Fall kann man hier erkennen, wie viel Mühe sich der Mensch bei der Erfindung von Waffen gab und immer noch gibt.

Sucht man ein bestimmtes Waffen- oder Munitionsmodell, wird es recht sicher hier zu finden sein. Auf Regalen stehen Handgranaten, manche schön rund und handlich wie Boulekugeln, andere bunt und oval wie Likörflaschen, wiederum andere zylindrisch wie Thermoskannen oder mit Stiel in der Form von Taschenlampen, alle aber tödlich. Auch eine Volkshandgranate 45 aus Beton, gefüllt mit gehacktem Eisen und 36 Gramm Sprengstoff ist dabei – in Originalverpackung. Ganze Vitrinen stehen voller liebevoll aufgereihter, messinggelb glänzender, zigarilloförmiger Patronen, manche mit roten, gelben und blauen Köpfchen – und die Betreiber des Museums können sie sogar auseinanderhalten. Wer auf Militaria steht, dem wird es warm ums Herz bei so vielen bunten Päckchen voller Projektile verschiedenen Kalibers, die man an Tauschtagen auch ergattern und weitergeben kann, so wie Briefmarken oder Kristalle. Zu sehen bekommt man in Röthenbach auch, was Soldaten taten, wenn sie sich langweilten. Sie bastelten aus Patronenhülsen Armbänder für die Liebste mit eisernen Kreuzen, Eierbecher; die, die noch auf Gottes Hilfe hofften, auch Kruzifixe. Manche nahmen aus Waffenresten gefertigte Aschenbecher und Salzstreuer als Schützengrabenkunst von der Front mit nach Hause – sofern sie ihr Zuhause je wiedersahen.

Manchen bescheren die Rüstungsgüter auch im Sommer eine Gänsehaut. Besucht man die Ausstellung im Winter, sollte man sich aber unbedingt warm anziehen, denn geheizt wird nicht. Es gibt aber die Möglichkeit, sich auf einem feldgrauen Trimmrad warmzustrampeln. Das Gerät diente im Zweiten Weltkrieg dazu, Energie für die Funkgeräte zu erzeugen.
Beeindruckend sind die Exponate sicher, zumal man sie hier aus der Nähe betrachten und zum Teil auch anfassen kann. Es gibt auch echte Seltenheiten zu sehen, die nicht töten, sondern helfen sollten, wie etwa ein Feldröntgengerät oder Gasmasken für Pferde. Auch in Vergessenheit geratene Gegenstände aus der schlimmen Zeit der Bombennächte werden dem Besucher gezeigt, etwa eine Luftschutzhausapotheke und Plakate, auf denen Gliedmaßen mit Riesenblasen zu sehen sind und eine Anleitung gegeben wird, wie man jemandem helfen kann, der mit chemischen Kampfstoffen in Kontakt kam. Im Vergleich zu dem Arsenal an Tötungsgeräten ist das der Hilfsmittel aber eher bescheiden. So sind auch Gestelle zu sehen, die man unter die Stiefel schnallen konnte. Das soll es einfacher machen, Felder mit Tretminen zu überqueren. Es steht aber ausdrücklich auf den Sohlen, dass die Stelzen nicht gegen Tretminen immun machen, sondern nur die Folgen der Explosion mindern.
Es findet in jedem Jahr ein Museumsfest statt, bei dem viele bewegliche Ausstellungsteile in Aktion zu bewundern sind und man auch auf Panzern mitfahren darf. Scharf geschossen wird nicht.

Adresse:
Museum für historische Wehrtechnik
Heinrich-Diehl-Straße
90550 Röthenbach/Pegnitz

Öffnungszeiten:
Das Museum ist jeden 1. Sa im Monat 14–17 Uhr geöffnet, außerdem nach Voranmeldung unter Tel. 0 91 58/92 88 51 oder 09 11/61 45 50.

Anfahrt mit öffentlichen Verkehrsmitteln:
Vom Hauptbahnhof in Nürnberg mit der S-Bahn S1 Richtung Hartmannshof bis Röthenbach (Pegnitz) (Fahrtzeit: 14 Min.), dann 1,4 km zu Fuß Richtung Schwaig.

Kuriositäten in der Nähe:
- Sanddünen bei Leinburg
- Versteinertes Dinosaurierbaby im Universitätsmuseum Altdorf
- Der Bordanzug des deutschen D1-Astronauten Ernst Messerschmid im Raumfahrtmuseum in Feucht
- Fabrik für künstliche Weihnachtsbäume in Nürnberg-Fischbach

Keine falschen Töne

Schandflöten im Kriminalmuseum in Rothenburg ob der Tauber

Das Kriminalmuseum in Rothenburg schreibt über sich, es sei das bedeutendste Rechtskundemuseum der Bundesrepublik und gebe einen umfassenden Einblick in das Rechtsgeschehen, die Gesetze und Strafen der vergangenen 1000 Jahre. Das versucht es auch. Es hängen Urkunden und Siegel an der Wand und man könnte Stunden vor Erklärungstafeln zubringen, aber im Ernst: Alle kommen doch wegen der schaurigen Folterinstrumente und den noch interessanteren und fantasievollen Ideen, Menschen zu bestrafen, in dieses museale Gruselkabinett.

Heute zahlt ein Gesetzesbrecher, sofern man ihn erwischt, ein Bußgeld oder wandert in den Knast. Da war man im Mittelalter und der Frühen Neuzeit doch einfallsreicher, besonders wenn es um die Wahrung der allgemeinen Ruhe ging! Herumkrakeelende Säufer steckte man in die Trinkertonne. Aus dem Hohlkörper schauten nur oben der Kopf und unten die Füße heraus und jeder, der wollte, konnte sehen, wer sich da einen Rausch angetrunken hatte. Streitende Marktfrauen strafte man damit, dass man sie mit Hals und Händen in eine doppelte Halsgeige einzwängte. Die hölzerne Fessel umschloss den Hals und die Handgelenke der zu fesselnden Personen, wobei sich die Hände hintereinander vor dem Körper befanden. So aneinander gebunden konnten die schimpfenden Frauen so lange weiter streiten, bis sie müde waren, kamen aber nur noch gemeinsam vom Fleck.

Eine besonders schlimme Geräuschbelästigung, das wissen wir schmerzhaft von Restaurantbesuchen, ist schlechte Musik. In einer Vitrine kann man in Rothenburg eine Schandflöte sehen. Der Metallring am oberen Ende eines flötenförmigen Holzstücks wurde um den Hals des schlechten Musikers gelegt, anschließend wurden dessen Finger auf der Flöte eingespannt, damit es aussehe, als lägen sie auf den Flötenlöchern. Wenn der Bestrafte sich unter Schmerzen wand, sah es aus, als tanze er zu seinen eigenen Melodien. Die Schandflöte wurde auch für andere Vergehen eingesetzt, um Verurteilte zum Gespött zu machen. Wer keine Musik, sondern bei Geldspielen falsch gespielt hatte oder seine Spielschulden nicht begleichen konnte, der wurde an den Pranger in der Stadtmitte gestellt. Allerdings wurde er zuvor noch mit einer Kette geschmückt, an die riesengroße Würfel und Karten angehängt sind. Ebenfalls zu Ehrenstrafen diente die berühmte aus Nürnberg stammende Eiserne Jungfrau aus dem 15. oder 16. Jahrhundert. Lange hielt man sie für ein Tötungsinstrument, denn im 19. Jahrhundert hatte man in die Holztonne nach innen gerichtete Bajonettspitzen eingesetzt und behauptet, man habe in der Figur in der Tracht des 16. Jahrhunderts Menschen erdolcht und ihre Leichen durch die untere Öffnung in den Fluss fallen lassen. In Wirklichkeit handelt es sich aber um einen

nicht tödlichen, aber peinlichen Schandmantel, der Frauen umgelegt wurde, die man der Prostitution beschuldigte.
Ein besonders eindrückliches Gerät in der Johanniterscheune ist der Hexenfänger. Aus Angst, man könne Schaden nehmen, wenn man eine Hexe auch nur berührt, setzte man zur Hexenjagd eine lange Stange ein. An ihrem Ende befindet sich eine innen mit metallenen Spitzen versehene Feder, die zuschnappt, wenn man den Hals in den Reif gedrückt hat. Die vermeintliche Hexe kann keinen Widerstand mehr leisten und den Häscher nicht anfassen. Nicht nur verurteilte Hexen, auch andere Kriminelle galten als zaubermächtig. Scharfrichter zogen zum Schutz vor dem Bösen Blick den Verurteilten zur Verrichtung ihrer Arbeit eine Maske über, die sie schützen sollte. Nach dem Verabreichen des Henkersmahls mit dem ebenfalls ausgestellten Arme-Sünder-Löffel kam der Hanfstrick, ein Richtschwert oder auch das mit Metallklingen versehene Rad zum Einsatz.
Auch Rezepte und Dokumente über Henkersmahlzeiten sind im Museum nachzulesen, in der Museumscafeteria bekommt man aber ganz normalen Kaffee und Kuchen. Nach dem Besuch des Kriminalmuseums und der Betrachtung ganzer Kollektionen von Richtwerkzeugen und Strafinstrumenten sehnt sich der moderne Mensch nach Frieden und straffreier Entspannung. Es empfiehlt sich daher nach der Kaffeepause ein Besuch des ganz in der Nähe gelegenen, garantiert friedlichen Weihnachtsmuseums.

Adresse:
Kriminalmuseum
Burggasse 3–5
91541 Rothenburg ob der Tauber

Öffnungszeiten:
Täglich geöffnet: Januar, Februar 14–16 Uhr, März 13–16 Uhr, April 11–17 Uhr, Mai bis Oktober 10–18 Uhr, November 14–16 Uhr, Dezember 13–16 Uhr.
Letzter Einlass: 45 Min. vor Schließung.

Anfahrt mit öffentlichen Verkehrsmitteln:
Vom Bahnhof in Rothenburg ob der Tauber mit dem Stadtbus 851 bis zur Haltestelle „Kirchplatz“ (Fahrtzeit: 5 Min.).

Kuriositäten in der Nähe:
- 1500 Orchideenarten bei Gärtnerei Currlin in Welbhausen
- Ochsentretscheibenpumpwerk in Schillingsfürst
- Bodenloses Loch bei Oestheim

Am Weihnachtsbaum die Zwerge brennen

Das ganzjährige Weihnachtsmuseum in Rothenburg ob der Tauber

Es heißt im Weihnachtslied „O Tannenbaum“: „Wie oft hat nicht zur Weihnachtszeit ein Baum von dir mich hoch erfreut!“ – in Rothenburg dauert diese Weihnachtszeit 12 Monate. Man kann auch im Hochsommer, wenn man sich nach Abkühlung sehnt und kein Geld hat, um ans Meer zu fahren, stattdessen den Anblick des künstlichen Schnees im Indoor gelegenen Weihnachtsdorf genießen. Weihnachtsdorf ist, das muss dazu gesagt werden, ein eingetragener Markenname. Wo käme man hin, wenn überall ungeschützt solche zuckersüßkalten Kunstwelten entstehen dürften? In Rothenburg werden in einem idyllisierten, nachgebauten Fachwerkensemble ganzjährig elektrisch betriebene Alpin-Slalom-Pisten, mit Räucherwerk zu bestückende Duftelche in roten Pantoffeln, Erzgebirgspyramiden, Strohsterne und Rauschgoldengel angeboten. Kuckucksuhren hat man aufgrund der Nachfrage ins weihnachtliche Sortiment aufgenommen. In der Mitte steht ein überdimensionaler Weihnachtsbaum und fesche, einem Heimatroman entstiegene Mädel beraten geduldig beim Kauf von Nussknackern und Spieluhren. Man spricht auch Englisch. An der Ladenkasse mit angemalten Fachwerkbalken kann man Chips für die Drehtüre zum einen Stockwerk höher gelegenen Weihnachtsmuseum kaufen. Dort ist alles mit hellblauem Sternenteppich ausgelegt und die Decke ist als Himmel bemalt. Es funkelt und glitzert. Aus den Lautsprechern zirpen Kinderchöre, dass einem warm ums Herz wird.

Der Schwerpunkt des Museums liegt auf Weihnachtsdekoration, wobei die Beschreibungen auf Material und Herstellungsverfahren eingehen – weniger aber auf kulturhistorische Zusammenhänge. Immer wieder fragt man sich, was die hinter Glas von Ästen baumelnden Figuren mit dem Weihnachtsfest zu tun haben. An einem Baum mit Watteschmuck des späten 19. Jahrhunderts hängen neben Äpfeln auch Fliegenpilze, eine Art weiß gekleideter Astronaut mit aufgeklebtem Gesicht und einer Leiter vor dem Körper und ein auf einem Apfel sitzender, mit einer Clownkappe bekleideter Affe. Immerhin lassen sich die Störche in einen gewissen Zusammenhang zur gefeierten Geburt bringen.

In einem Schaukasten befindet sich aus Pappe geprägter, plastisch zusammengeklebter Schmuck, etwa ein Kurzhaardackel mit rotem Halsband, ein Elefant mit weit aufgerissenem Maul, ein Krokodil und ein senkrecht nach oben schauender, rotflossiger Karpfen. Es gibt Christbaumbehang aus der Harzmasse des Boxdorn-

strauchs, Tragant genannt, Springerle und Glasschmuck aus Thüringen, etwa einen runden Frosch mit einem sternförmigen Maul oder eine Glaskugel mit Gesicht und einem rosa Krönchen.
Interessant und verwirrend ist der Schmuck vom Anfang des vergangenen Jahrhunderts. In Gablonz, dem heutigen Jablonec nad Nisou, fertigte man um 1920 Flugzeuge aus Perlen an. Patrioten versuchten offenbar zu vergessen, dass das Weihnachtsfest seinen Ursprung in Palästina hatte, und schmückten ihre Weihnachtsbäume im Ersten Weltkrieg heimatverbunden mit Panzerkreuzerchen aus im feindlichen, französischen Lyon erfundenen Leonischen Drähten. Auf ihnen war die Kaiserflagge in Schwarz, Weiß und Rot gehisst. Am Baum hingen auch kleine Feldpostwagen, die auf dem Dach Weihnachtsgeschenke in Stanniolpapier geladen hatten. In der Gondel eines Zeppelins sitzt ein Weihnachtsengel aus Papier.
Wenn man das Museum durchwandert hat, vorbei an Lichterketten mit Zwergenglühbirnen und klingenden Christbaumständern, fragt man sich, ob es nicht besser wäre, man würde den Christbaum wieder mit Gebäck, Käse und Würsten behängen, wie es aus dem Jahr 1419 aus Freiburg überliefert ist.
Der am 24. Dezember ursprünglich nie im Wohnzimmer, sondern nur in Kirchen aufgestellte Tannenbaum mit Äpfeln hat mit dem für diesen Tag vorgesehenen Bibeltext zu tun. In der Kirche wurde immer am Heiligen Abend die Geschichte vom Sündenfall gelesen. Sie erzählt, wie die erste von Gott geschaffene und Eva genannte Frau im Paradies eine Frucht vom Baum der Erkenntnis des Guten und des Bösen isst. Diese biblische Szene wurde gerne in der Kirche nachgespielt, doch hatte man meist keinen Baum der Erkenntnis zur Verfügung. Die Nadelbäume mussten herhalten. Da die aber nur Zapfen haben und Eva kein Eichhörnchen ist, musste man Früchte anhängen, die Eva besser schmecken könnten und im Winter dennoch vorrätig waren: Lageräpfel. Sie sind Vorbild für die heute immer noch üblichen roten Glaskugeln.

Adresse:
Weihnachtsmuseum
Herrngasse 1
91541 Rothenburg ob der Tauber

Öffnungszeiten:
Mitte Januar bis Ostern: Sa und So 11–16 Uhr, während des restlichen Jahres täglich von 10–17 Uhr.

Anfahrt mit öffentlichen Verkehrsmitteln:
Aus allen Richtungen mit der Bahn bis Steinach, dort umsteigen und mit der Regionalbahn weiter nach Rothenburg ob der Tauber.

Multikultureller Schlaf der Gerechten

Die Siebenschläferkirche in Ruhstorf an der Rott-Rotthof

Auf dem Hochaltar der über dem Dorf am Waldrand gelegenen kleinen Kirche lümmeln verschlafen sieben Männer aus Stuck. Sie stützen sich mit ihren Armen auf scharfkantige rosa Tuffsteinbrocken und Muscheln. Wer so schlafen kann, muss wirklich müde sein. Und diese sieben Männer, sie heißen Achellides, Diomedis, Eugenius, Stephanus, Probatus, Sabbatius und Quiriacus, sollen sogar etwa 200 Jahre lang geschlafen haben. Deswegen nennt man sie Siebenschläfer. Der Altar stammt aus dem späten Rokoko.

Die Geschichte soll sich nicht in Rotthof zugetragen haben. Sie spielt in Ephesus im Jahre 250 nach Christus. Sieben reiche, junge Männer lassen sich bekehren und weigern sich, die von Kaiser Decius befohlenen Opfer vor den Römischen Götterstatuen darzubringen. Sie verbergen sich in einer Höhle, um nicht verfolgt und getötet zu werden, werden aber in der Höhle eingemauert. Sie beten zu Gott um Schutz, der sie erhört und ihre Seelen zu sich nimmt.

200 Jahre später war das Christentum längst offizielle Staatsreligion, doch immer wieder kamen Zweifel an der Auferstehung auf. Zu jener Zeit wurde in der Nähe der Höhle ein Viehstall errichtet. Die Maurer entfernten die Steine vor der Höhle und vermauerten sie woanders. Gott gab den sieben jungen Männern ihre Seele wieder und sie erwachten. Sie nahmen an, dass sie nur eine Nacht geschlafen hätten, und hatten einen Bärenhunger. Einer der Schläfer wollte in der Stadt etwas zu essen kaufen, doch war das Geld, das er bei sich trug, längst ungültig geworden. Man hielt ihn daher zunächst für einen Betrüger. Erst als der junge Mann in der Stadt lauter Kreuze entdeckte, erkannte er, dass der Christenverfolger Decius offenbar nicht mehr an der Macht war und dass sein Schlaf länger als acht Stunden gedauert haben musste. Als der Kaiser das Wunder erkannte, dankte er Gott und sah in den Siebenschläfern einen Beweis für die Wiederauferstehung der Toten.

Die Legende von den Siebenschläfern verbreitete sich international. Schon zu Lebzeiten des Propheten Mohammeds wurden die sieben Schläfer in Jordanien verehrt. Es gibt Kultstätten in China, auf den Komoren, in Algerien, im Jemen und in der Türkei, aber auch im Norden Norwegens. In vielen Kulturen gelten die Sterne des Großen Wagens als Repräsentanten der Siebenschläfer. Der Polarstern ist ihr Hund. Warum aber gerade eine Siebenschläferkapelle in Rotthof? Das ist ganz offensichtlich die Folge eines Missverständnisses.

Bei Rotthof standen oder lagen zwei Steinreliefs. Das eine zeigt vier, das andere drei Oberkörper. Die Figuren befinden sich jeweils in einem Bogen, der rechts und links verziert ist. Einmal dienen Schnecken, einmal Ranken als Ornament. In den Augen der sieben Figuren erkennt man keine Pupille. Die Rotthofer des Mittelalters hielten die dargestellten Personen wohl für die sieben Schläfer aus der Legende und die Steine für eine Art Altar. Sie integrierten die Reliefs in die Südwand des Chores und weihten ihre Kirche den Siebenschläfern. In Wirklichkeit handelte es sich bei den Oberkörperdarstellungen wohl um Grabsteine aus der späten Römerzeit. Sie wurden vermutlich im vierten Jahrhundert nach Christus aufgestellt. Solche Steine gibt es überall, wo die Römer sich niederließen oder Gebiete beherrschten. Die Form der Grabsteine variiert: Der untere Teil des Grabsteines steckt in der Erde, darüber steht die Inschrift mit dem Namen des Toten, seinem Alter, Angaben zu den Eltern und eventuell seinem Amt als Beamter oder seiner Stellung im Militär. Darüber ist meist eine nischenförmige Vertiefung, die von einem Giebel abgeschlossen wird. In der Nische wird das Bild des Toten im Relief dargestellt. Die Grabdenkmäler von Ruhstorf sind die letzten Zeugen der römischen Kultur, die noch kurz bevor sich die Legende von den Siebenschläfern in lateinischer Fassung in Europa zu verbreiten begann, im Rottal existierte.

Adresse:
Siebenschläferkirche
Rotthof
94099 Ruhstorf a. d. Rott

Informationen über:
Katholisches Pfarramt Ruhstorf an der Rott
Dr. Ottmar-Maurer-Straße 4
94099 Ruhstorf a. d. Rott

Öffnungszeiten:
Die Kirche ist täglich geöffnet und außerhalb der Gottesdienste zu besichtigen.

Anfahrt mit öffentlichen Verkehrsmitteln:
Ab dem Passauer Hauptbahnhof mit der RB 27344 Richtung Mühldorf/Oberbayern bis zum Haltepunkt „Ruhstorf" (Fahrtzeit: ca. 40 Min.), dann zu Fuß Richtung Industriegebiet Hackerwiese, von wo aus das Kirchlein ausgeschildert ist.

Kuriositäten in der Nähe:
- Größte deutschsprachige Kochbuchsammlung im „Wilden Mann" in Passau
- Größte Brutkolonie von Lachmöwen im Binnenland bei Eglfing
- Weltgrößtes Schachspiel aus Bernstein in Bad Füssing

Mal ganz stark sein

Wackelstein in Saldenburg

Sie sind ein Schwächling? Sie heben sich fast einen Bruch, wenn Sie die Bierkiste in den Keller tragen wollen? Dann brauchen Sie ein Erfolgserlebnis! Dann brauchen Sie eine Wanderung zum Wackelstein. Denn da können Sie zeigen, dass Sie auch über 30 Tonnen in Bewegung setzen können. Selbst einige Kinder können bei kräftigem, gemeinsamem und koordiniertem Schubsen den Felsbrocken zum Schwingen bringen. Ja, man kann ihn mit vereinten Kräften richtig aufschaukeln.
Auf einer Bergkuppe, 2 Kilometer südöstlich vom Saldenburger Ortsteil Solla, liegen große, unbedeckte Felsblöcke. Besonders auffallend ist ein großer Stein von etwa drei bis vier Metern Kantenlänge, flacher Oberseite und gerundeter Unterseite, der auf einer fast ebenen Felsplatte ruht und leicht zu bewegen ist – trotz seines großen Gewichtes. Er hat sich ohne menschliches Zutun entwickelt.
Der Stein besteht aus Granit. Granit ist in der Erdkruste aus flüssigem Magma entstanden, das ganz langsam mindestens zwei Kilometer unter der Erdoberfläche abgekühlt ist. Der Granit im südlichen Bayerischen Wald ist etwa 300 Millionen Jahre alt.

Im Laufe der Jahrmillionen bekam er Risse. Dieser Prozess wird als Klüftung bezeichnet. Ursache ist zum Beispiel der Frost, der das Gestein zerbersten lässt. In die entstandenen Risse drang Wasser ein und begann schon unterirdisch an dem Gestein zu knabbern. Die Ränder der ursprünglich scharfkantigen und eckigen Blöcke wurden abgerundet und es entstanden Felsbrocken, die an Kissen, Matratzen oder gefüllte Säcke erinnern. Man nennt diese Form der Erosion daher Wollsackverwitterung.
Mit der Zeit haben Kräfte im Erdinneren den Bayerischen Wald emporgehoben, das Gebirge ist entstanden. Heute ist es aber nicht mehr so hoch, wie es schon einmal war, denn die obersten Gesteinsschichten wurden durch Wind und Wasser abgetragen. Der in der Tiefe entstandene Granit kam immer weiter an die Oberfläche und die rundlichen Steine traten zu Tage. Steine, die unten halbkugelförmig sind, sitzen nur noch auf einem winzigen Punkt auf dem Stein darunter auf und können so leicht zum Wippen gebracht werden.
Wackelsteine in der Größe des Steines auf dem Gebiet von Saldenburg sind sehr selten. Es ist auch nicht gesagt, dass er immer weiterwackeln wird. Möglich, dass er mit der Zeit unten abflacht und dann starr da liegt und auch mit einem Lastwagen nicht mehr weggerückt werden kann. Spielen Sie also Asterix und Obelix ,solange es noch ohne Zaubertrank geht! Bei schönem Wetter ist hier richtig was los und der Wackelstein kommt kaum zur Ruhe.
Ein Rundwanderweg zum Wackelstein beginnt im Saldenburger Ortsteil Entschenreuth am Ende der Gemeindestraße „Zum Wackelstein“, wo auch Parkmöglichkeit gegeben ist. Die Wegstrecke beträgt vier Kilometer.

Adresse:
Tourist-Info Saldenburg
Seldenstraße 30
94163 Saldenburg

Anfahrt mit öffentlichen Verkehrsmitteln:
Eine Anreise mit öffentlichen Verkehrsmitteln ist nicht möglich. Ab Solla, Thurmansbang und Entschenreuth gibt es ausgewiesene Wanderwege, doch sind alle drei Wanderausgangsorte nicht mit öffentlichen Verkehrsmitteln erreichbar.

Kuriositäten in der Nähe:
- Zauberhandlung Manipulix in Lalling
- Störzonenlehrpfad in Lalling
- Das größte Schnupftabakglas der Welt in Grafenau
- Kuhglockensammlung von Herbert Katzendobler in Rinchnach

Man schlägt sich so durch

Bauerngolf in Samerberg-Grainbach

Bauerngolf wird von April bis Oktober gespielt und ist nicht nur ein Sport für Landwirte, sondern eignet sich für jeden. Bei dieser robusten Variante des Golfspiels kommen Handbälle statt der üblichen Golfbälle zum Einsatz, die man unter Verwendung eines eigens hierfür entwickelten Spezialschlägers über den Platz mit zehn Löchern befördert.
Der Schläger besteht aus einem niederländisch anmutenden Holzschuh mit Stiel. Seine Benutzung erfordert zwar etwas Übung, sieht aber lustig aus und macht Spaß. So ist es nach kurzer Eingewöhnung nicht mehr unmöglich, den Ball durch den Hindernisparcours aus Holzwippen, Röhren, Traktorreifen oder unter Strohballenstapeln hindurch in die mit Fähnchen markierten Löcher zu spielen. Die Regeln orientieren sich am Minigolf, praktisch darf man hier aber auch richtig zulangen und die Bälle von zum Teil erhöht liegenden Abschlägen so richtig in die Gegend dreschen, um sie mit möglichst wenigen Schlägen einzulochen. Das ge-

Golf

Als Erfinder des Golfspiels gelten heute die Schotten, was einem aufgrund der Preise für Golfplatzbenutzung nicht einleuchten will. 1457 verbot das schottische Parlament unter König James II. das Golfspielen. Man befürchtete, das Volk werde zu sehr von wichtigen militärischen Übungen abgelenkt.
Die Ursprünge könnten auch in Kontinentaleuropa liegen, denn schon im Mittelalter tauchen Beschreibungen eines Spiels mit dem Namen Kolf, Chole oder Colv auf, bei dem ein Ball mit einem Schläger in ein Loch bugsiert werden muss. Gezählt wurde damals noch nichts, es ging dem Golfer eher um Zeitvertreib und Entspannung. Golf blieb bis ins 16. Jahrhundert dem Adel vorbehalten, dann erlaubte man auch dem Volk, auf bestimmten Arealen in England dem Golfspiel nachzugehen.
Golf war nicht immer ein Spiel, das nur auf dafür vorgesehenen Plätzen gespielt wurde, so verbot man 1659 im amerikanischen Albany das Spiel in den Straßen. Wahrscheinlich ging zuvor einiges kaputt. Die wohl berühmtesten Abschläge fanden auf dem Mond statt. 1971 schlug Astronaut Alan Shepard zwei Golfbälle einhändig ca. 400 Meter über die Mondlandschaft.
Den Deutschen Golf Verband (DGV) gibt es seit 1907, er wurde in Hamburg gegründet. Europas größte Golfanlage befindet sich übrigens rund um Bad Griesbach bei Passau.

lingt beim Bauerngolf blutigen Anfängern meist genauso gut oder schlecht wie geübten Golfern, die hier völlig neue Erfahrungen sammeln können. So ist es beim Bauerngolf nicht ungewöhnlich, dass der Ball auch mal auf der benachbarten Viehweide landet und durch den elektrisch geladenen Weidezaun unerreichbar wird. Die Rinder bringt das nicht aus der Ruhe, sie sind Handbälle auf ihrer Weide wohl schon gewöhnt. Wir hatten alle Mühe, beim Bauerngolf ernsthaft zu bleiben und alle auf einem Merkblatt ausgehändigten Regeln zu beherzigen.

Wer alle zehn Bahnen gespielt hat, kann sich im „elften Loch" entspannen und erfrischen, es gibt einen Ausschank mit kleinen Stärkungen, an Wochenenden auch Kaffee und Kuchen.

Bei schlechtem Wetter bietet die benachbarte Scheune eine Kegelbahn und verschiedene Geschicklichkeitsspiele für die ganze Familie. Die meisten Attraktionen bei Spöcks sind bemerkenswerte, wenn nicht sogar kuriose Eigenbauten aus Holz. Ein wuchtiger, an vier Ketten aufgehängter Schwebebalken lockt die Schwindelfreien, Darts, bei dem man die Pfeile auf einer Holzwippe stehend werfen muss, fordert Körperbeherrschung. Eine rustikale Kegelvariante auf einer Sandbahn erinnert an Strandspiele. Das zur Verfügung stehende Equipment verspricht eine Gaudi und vielleicht sogar eine Entschädigung für das durch mieses Wetter entgangene Bauerngolf. Wenn er nicht gerade von Anfängern verschlagene Bauerngolfbälle von Viehweiden sammelt, baut Herr Spöck weiter an seinem einzigartigen Vergnügungspark.

Adresse:
Bauerngolf Samerberg
Familie Spöck
Kirchplatz 5
83122 Samerberg-Grainbach

Öffnungszeiten:
April bis Oktober 11–20 Uhr.

Anfahrt mit öffentlichen Verkehrsmitteln:
Vom Bahnhof in Rosenheim mit dem Stadtbus 9493 Richtung Törwang bis Grainbach (Fahrtzeit: 23 Min.).

Kuriositäten in der Nähe:
- Miniaturpferdezucht Cornelia Steinbrecher in Brannenburg
- Kaffeekannensammlung des Cafés Winklstüberl in Fischbachau
- Karikaturen im Gulbranssonmuseum in Tegernsee

Von Profitieren profitieren

Filmtierhof in Schnaitsee

Auf dem Gut Harpfing leben Arbeitstiere. Bei Pferden ist es nicht ungewöhnlich, dass sie sich ihr Futter verdienen müssen, doch in der Regel arbeiten sie in Rüttelgassen oder für Brauereien. Die Pferde auf Gut Harpfing aber sind Filmdarsteller, genauso wie alle anderen Tiere hier: der Waschbär, die Pfauen, Schweine, Rehe, Enten, Tauben, Fische, ein Steinmarder, ein weißer, seltener Marderhund oder das Wallabee.

Kunststücke werden den Filmstars keine beigebracht. Die Tiere werden nicht für den Zirkus ausgebildet und sollen auch keine für ihre Tierart ungewöhnlichen akrobatischen Übungen zeigen. Ziel ihrer Ausbildung ist es, dass sie genau das tun, was Tiere normalerweise tun, aber das bitte dann, wenn es nach Drehbuch erforderlich ist. Das Schwein soll sich eben genau dann hinlegen, wenn es das Konzept vorschreibt und dann fressen, wenn es zur Story passt. Die Tiere sind alle darauf trainiert, auch in ihnen ungewohnten Situationen nicht auszurasten und entweder aggressiv oder scheu zu werden. Zwar sind immer Betreuer der Filmtierschule beim Dreh dabei, doch müssen die Tiere die vielen ihnen unbekannten Menschen und Scheinwerfer ertragen. Nicht jedes Tier ist charakterlich dafür geeignet, die fast 200 Kilogramm schwere Elsa aber genießt es, wenn sie einen Auftritt hat. Das Hausschwein ist eine echte Bühnendiva. Das Gut sucht Tiere aus, für die die Filmerei willkommene Abwechslung bedeutet – und nicht Stress. Man merke das daran, erklärt Frau Simbeck, wenn ein Tier freiwillig in den Anhänger springe, wenn es merke, dass es wieder ins Rampenlicht darf.

Die meisten Tiere sind von klein auf an Menschen gewöhnt. Ein Reh etwa hat schon als Baby seine Mutter verloren und wurde von Menschen aufgezogen. Wildtiere laufen weg, wenn Menschen nahen, die Filmrehe aber bleiben stehen und äsen in Ruhe weiter. Manche Tiere müssen deswegen auch nichts können. Die Kaninchen sind einfach nur dazu da, Wildkaninchen zu doubeln. Und bei den kleinen Besuchern des Gutes sind sie sogar beliebter als der unheimlichere Panther Negro.

Tauben werden von den Tiertrainern und Praktikantinnen darauf trainiert, in Kisten zu fliegen oder auf Esstischen zu landen. Man kann sie für Hochzeiten mieten. Alte Legehennen aus der Batterie dürfen ihren Lebensabend auf dem Gut verbringen und balancieren vor Zuschauern. Enten kommen, wenn man klopft, und der Waschbär Waschi ist darauf trainiert, sich auf anderer Menschen Schulter zu setzen. Besonders die zutraulichen Tiere gehen zur Arbeit nicht nur ins Studio, sondern machen auch ab und an Besuche im Hospiz für todkranke Kinder. Sie verstehen es, die Kinder von ihrer Situation abzulenken.
Die meisten Tiere werden erst angeschafft, wenn ein bestimmtes Filmprojekt dies nötig macht. Klassische Filmtiere sind natürlich Hunde. Der Wolfshund Chaos musste bei „Forsthaus Falkenau" so tun, als sei er ein verletzter Wolf, und der Schäferhund Eros spielte Blindenhund. Der Dobermann Titan musste bei „Verbotene Liebe" ganz gefährlich tun. Teddy durfte sogar für „Hochzeit mit Hindernissen" zum Dreh nach Marokko.
Um die Tiere live erleben zu können, müssen Sie kein Filmstar sein. Der Filmtierhof bietet Führungen an. Bei besonderen VIP-Führungen darf man sich mit dem Panther fotografieren lassen, aber auch eine kleine Tierschau mit anschließendem Knuddeln, Streicheln und einer Brotzeit für Gruppen oder Familien wird angeboten. Geschätzte 95 Prozent aller Kinder wollen danach den Beruf des Tiertrainers ergreifen. Wenn Sie also fest entschlossen sind, Ihren Nachwuchs Maschinenbau studieren zu lassen, so sehen Sie besser von einem Besuch ab.

Adresse:
Filmtierhof Gut Harpfing
Familie Simbeck
Kirchenstraße 4
83530 Schnaitsee

Öffnungszeiten:
Besuch nach Vereinbarung unter Tel. 0 80 74/9 15 60 96 oder 01 71/7 27 83 48, E-Mail: info@filmtiere-simbeck.de.

Anfahrt mit öffentlichen Verkehrsmitteln:
Vom Bahnhof in Trostberg mit dem Stadtbus 9441 Richtung Wasserburg bis Weiglham, von dort weiter mit dem Stadtbus 9413 Richtung Waldhausen bis Harpfing (Fahrtzeit: variiert je nach Verbindung).

Kuriositäten in der Nähe:
- Imaginäres Museum in Wasserburg
- Bierkatakomben in Wasserburg

Kleinraumlimousinen

Das „mini-mobil"-Modellmuseum in Sonthofen

Über 12 000 Fahrzeuge auf nur 400 Quadratmetern! Das ist nicht die Werbung für ein gigantisches Parkhochhaus. Das müsste dann auch in den Himmel reichen. Diese Menge an Fahrzeugen auf so engem Raum – das gibt es nur im Museum.

Im „mini-mobil"-Museum wird gezeigt, was Menschen bewegt und über Räder oder Ähnliches verfügt. Nur eben nicht so riesig, wie in üblichen Fahrzeugmuseen. Der Besucher bekommt die größte H0-Modellsammlung der Welt zu sehen. Sie hat es sogar ins Guinness-Buch der Rekorde geschafft.

Den Eingang findet man ohne Lupe, denn der Empfangsbereich des Museums besteht aus einem Lkw-Fahrerhaus (man kann drinnen stehen und sich von draußen fotografieren lassen) und die Kasse im Inneren besteht aus der Front eines alten Hanomag-Henschel-Lieferwagens.

Im Erdgeschoss findet man sich aber in einer mobilen Miniwelt, in der in genauester Ordnung alle erdenklichen Fahrzeug-, Flugzeug- und auch Schiffsgattungen im modelleisenbahntauglichen Maßstab auf- und ausgestellt sind. Es soll ein Einblick in die Geschichte des Automobils, der Luft- und Raumfahrt, der Seefahrt sowie des Eisenbahnwesens gegeben werden, so die Museumsbetreiber. Kleindioramen und die sehr systematische Ausstellung verführen zu einem erstaunlich ausgiebigen Vitrinenbummel. Verschiedenste Themenbereiche sind in Einzelvitrinen zu bewundern, Feuerwehrfahrzeuge und Geräte sowie Rüstungsgegenstände spielen dabei eine tragende Rolle, doch auch die Polizei ist vertreten, ebenso wie das Bauwesen.

Maßstäbe

Unter dem Kürzel H0 verbergen sich Modelle im Maßstab 1:87. Das ist deswegen für Spielzeugautos und Eisenbahnen beliebt, weil sie groß genug sind, um nicht im Staubsauger zu landen, aber doch so klein, dass eine Landschaft nicht den gesamten Keller belegt. Ein drei Meter langes Fahrzeug ist in diesem Maßstab etwa 3,4 Zentimeter lang. Ein üblicher Maßstab für Wanderkarten ist 1:50 000. Ein Spaziergang von 10 Kilometern hat dann auf der Karte eine Länge von 20 Zentimetern. Bei einer Weltkarte im Atlas beträgt der Maßstab etwa 1:70 Millionen. Darauf ist dann die Entfernung von etwa 7970 Kilometern zwischen dem „mini mobil"-Museum in Sonthofen und Miami in Florida auf etwas über 11 Zentimeter zusammengeschrumpft.

Wenn sie ein Lieblingsfahrzeug haben, werden sie es höchstwahrscheinlich in einer der Vitrinen finden, denn vom Bierlaster bis zum Einachsschlepper, von der Selbstfahrlaffette mit Atomrakete bis zum Eisbrecher kann man hier praktisch alles sehen. Bei Reizüberflutung kann man sich zwischendurch auf bequemen Pilotensitzen aus einem VW-Bus ausruhen und wird sich sicher fragen, wer diese riesige Sammlung abstauben soll. Die kriegen das aber anscheinend gut hin. Einige Vitrinen widmen sich dem amerikanischen Traum. Ein Diorama mit Ami-Tanke und Straßenkreuzern ist neben einer Washington-Kulisse zu sehen: Präsident Obama mit Ehefrau stehen winkend vor dem weißen Haus. Davor: ein Washingtoner Streifenwagen.
Und dann kommt's: Im Obergeschoss ist Paris! Wirklich wahr! Und man muss sich nicht mal die Füße in den neuen französischen Schuhen wundlaufen, wenn man die Champs Elysée entlangschlendert und Montmartre besteigt. Man kommt auch nicht in Versuchung, sich in der Schlange vor dem Louvre anzustellen. Denn die Millionenmetropole ist geschrumpft – und die ärmeren Viertel der Umgebung wurden vorsichtshalber weggelassen, um den Gesamteindruck nicht zu trüben. Eine Fläche von 80 Quadratmetern genügte zur Errichtung der neuen Hauptstadt Frankreichs! Mit viel Liebe zum Detail wurden die Innenstadt und der Flughafen Paris-Orly im Maßstab H0 realisiert. Stadt und Flughafen werden im simulierten Tag-und-Nacht-Rhythmus beleuchtet.

Adresse:
mini-mobil Modellmuseum
Oberstdorfer Straße 10
87527 Sonthofen

Öffnungszeiten:
Mi–Fr 15–18 Uhr, Sa, So und Feiertage 10–12 und 14–18 Uhr; in KW 10 und 11 sowie in KW 48 bis 50 jedes Jahr geschlossen. Zusätzliche Öffnungszeiten können erfragt werden unter Tel. 0 83 21/8 77 17.

Anfahrt mit öffentlichen Verkehrsmitteln:
Vom Bahnhof Sonthofen mit dem Bus 9745 Richtung Oberstdorf bis zur Haltestelle „Sonthofen Freibadstraße" (Fahrtzeit: 1 Min.) oder vom Bahnhof Altstädten (Allgäu) mit dem Bus 9745 Richtung Sonthofen bis Haltestelle „Sonthofen Freibadstraße" (Fahrtzeit: 3 Min.).

Kuriositäten in der Nähe:
- Kutschenmuseum mit Märchenambiente in Hinterstein
- Handzahmer Fuchs im Alpenwildpark Obermaiselstein
- Zweitgrößter Wanderschuh der Welt im Heimatmuseum Oberstdorf

Staunen werden Sie!

Im Wurzelmuseum in Speinshart

Staunen werden Sie! – So der O-Ton des Museumsbesitzers Bernd Donhauser, der jeden Besucher schon am Eingang freudig begrüßt. Die nicht gerade kurze, aber höchst kurzweilige Führung durch sein Wurzelmuseum kann man getrost als Show bezeichnen, von der sich manch anderer professioneller Comedian eine dicke Scheibe abschneiden könnte. Doch in diesem Fall handelt es sich nur bedingt um eine einstudierte Vorstellung, hier ist jemand einfach er selbst.

Die über achthundert ausgestellten Baumwurzelstücke aus der Umgebung von Tremmersdorf hat Herr Donhauser allesamt persönlich mit bloßen Händen in Wald und Moor ausgebuddelt.

Jede Wurzel hat die Gestalt eines Tieres und wurde nur von Schmutz und überzähligem Wurzelwerk befreit. Hierzu sagt der Wurzelbernd: „Es ist nichts hinzugefügt, es ist nichts verändert, es ist ein Naturwunder!" Der rüstige Wurzelsammler beschreibt seine Ausstellungswurzeln mit ungewöhnlicher Hingabe und einer humorigen Intensität, die ihresgleichen sucht. Er ist in seiner Heimat fest verwurzelt und möchte eines Tages auch im Moor begraben werden. Denn dort gehört er hin, sagt er. Das habe ihm sein Freund, der Doktor, bestätigt.

Er bezeichnet sich auch selbst als ein Naturwunder, denn er sei noch nie krank gewesen, habe kein einziges graues Haar und das seltenste Blut der Welt. Gesund blei-

Wurzeln

Der Name Wurzel hat seinen Ursprung im althochdeutschen Wort „Wurzala" und bedeutet soviel wie „das Gewundene". Baum-Wurzeln erfüllen drei Hauptfunktionen für einen Baum: Sie dienen der Aufnahme von Wasser, sie nehmen die benötigten mineralischen Nährstoffe auf und sorgen für festen Halt im Untergrund. Im Laufe von Jahrmillionen haben Bäume unterschiedliche, an ihre Standorte angepasste Wurzelformen herausgebildet. Diese kann man grob in zwei Gruppen einteilen, die Tiefwurzler und die Flachwurzler. Zu der Gruppe der Tiefwurzler gehören z. B. Kiefern und Tannen. Sie bilden eine senkrecht wachsende Hauptwurzel aus. Zu den Flachwurzlern zählt man die Pappel, die ihr Wurzelwerk horizontal im Boden ausbreitet. Tiefwurzler decken ihren Wasser- und Nährstoffbedarf aus unteren Bodenschichten und sind so auch an trockenere Standorte angepasst. Die Flachwurzler hingegen sind auf Oberflächenwasser angewiesen und gedeihen deshalb am besten an niederschlagsreichen Standorten oder, wie die Pappel, in der Nähe von Gewässern.

be er durch den Konsum von frisch gezapftem Birkensaft, von dem er schon über 500 Liter „gesoffen“ habe. Seine Begeisterung für Baumwurzeln in Tierform und deren steinharte Konsistenz unterstreicht er bei der Führung durch einen Zeigestock, mit dem er auf einzelne Exponate schlägt. Aber keine Angst, er ist überaus freundlich und absolut friedfertig.
Die Wurzeln hat der sympathische Oberpfälzer liebevoll mit Kärtchen beschriftet, welche er den Wurzelviechern umgehängt hat. So sieht man nicht nur verschiedenste Entenarten mit dem zusätzlichen Hinweis „Schnabel auf“, sondern auch „Donald Dack“, „Comoran“, „Robin Hut“ und einen „Kolibrie“.
Die fesselnde Führung verbindet der Wurzelbernd (wie er sich selber nennt) mit Anekdoten aus seinem Leben und eigenen, euphorisch vorgetragenen Erkenntnissen aus dem Bereich Biologie und Physik. Einen Höhepunkt erreicht die Führung, wenn der Wurzelbernd ein Stück verkieseltes Birkenholz zeigt: Verkieselt! Nicht versteinert! Darauf legt er Wert.
Nach 45 Minuten endet die Führung durch die einmalige Ausstellung nicht plötzlich, Herr Donhauser wird nun recht andächtig und spielt den Besuchern Vogelstimmen und Naturgeräusche vom Tonband vor. Warum? Fragen Sie ihn selbst, eine Antwort bekommen Sie auf jeden Fall. Wahrscheinlich sogar eine sehr ausführliche.

Adresse:
Wurzelmuseum Donhauser
Tremmersdorf 57
92676 Speinshart

Öffnungszeiten:
Sommerzeit: Sa–Do 9–12 und 13–18 Uhr; Winterzeit: Sa–Do 9–12 und 13–17 Uhr oder nach Vereinbarung unter Tel. 0 96 45/12 88.

Anfahrt mit öffentlichen Verkehrsmitteln:
Vom Bahnhof in Pessath mit dem Bus 6269 Richtung Neuhaus (Pegnitz) bis Eschenbach, Haltestelle „Rohrer“ (Fahrtzeit: 20 Min.). Von dort aus 3,4 km zu Fuß über Höfen oder Umsteigen in den Bus 6283 Richtung Kemnath, Primianusplatz direkt bis Tremmersdorf (zusätzliche Fahrtzeit: 4 Min.).

Kuriositäten in der Nähe:
- Amerikanische Retortensiedlung in Eschenbach in der Oberpfalz
- Känguruzucht in Pottenstein
- Gladiatorenfahrzeuge bei Megaplay in Grafenwöhr
- Vom Aussterben bedrohte Ostpreußische Skudden im Tierpark Gleitsbachtal
- Mittelpunkt Mitteleuropas in Hildweinsreuth

Wenn der ausgestopfte Hahn dreimal kräht …

Die größte Kunstuhr der Welt im Restaurant Gocklwirt in Stephanskirchen

In Restaurants mit gehobener Gastronomie erwartet man schicke, schnörkellose Nussbaumtische, beleuchtet von Edelstahllampen, Granitböden und eine Glasfassade und vielleicht ein Übermaß an Chrom, aber kein Übermaß an Quatsch. Den gibt es beim Gocklwirt, einem Lokal unweit des Simssees aber zuhauf. Es beginnt schon auf dem Parkplatz. Über babyblauen Leitplanken sind zwölf Bauernregeln angebracht – für jeden Monat eine. Als Kostprobe die für September: „Gedeihen sehr wohl der Hopfen und die Reben, so wird's in der Folge viel Räusche geben." Neben Ulkigem bietet der Parkplatz eine umfangreiche Kollektion ausgedienter, historischer Dreschkästen und eine Dampfmaschine, die man durch Münzeinwurf zum Schnaufen bringen kann.

Im Garten finden Kinder viele Spielmöglichkeiten. Hinter einem zum Dank für die Heimkehr aus dem Zweiten Weltkrieg von Anton Rietz aufgestellten Kruzifix galoppiert ein kleiner, grauer Babyelefant zu einer Wippe. Vor dem bemalten Lokal ist auf einem hohen Pfosten ein Wagenrad angebracht, auf dem eine blecherne Kreuzung aus Möwe und Storch sich ein Drahtnest gebaut hat. Dieses wird durch ein grünes, rundes Blechdach geschützt. Auf dem Weg in die Speiseräume kann der Besucher einen in einem Metallkasten sitzenden Wahrsager mit Leuchtkugel befragen, ob er sich wirklich in das Sammelsurium des Spinnerten begeben soll.

Kurioser Höhepunkt ist die Kunstuhr von Josef Greß. Sie wird vom Chef des Gasthauses und stolzem Uhrenbesitzer Anton Rietz persönlich vorgeführt, wenn sich 10 oder mehr Interessenten im Nebenraum einfinden. Meist ist das um die Mittagszeit der Fall. Man sitzt auf Holzbänken wie in einer Kapelle, dann lässt Herr Rietz, der die Uhr 1972 gekauft und stolz sein Portrait im Goldrahmen auf der letzten Freifläche der Uhr angebracht hat, das selbst besprochene Band ablaufen und zeigt zeitgleich mit dem Zeigestab auf die angesprochenen Details der 3 Meter hohen, 5,35 Meter breiten und 1250 Kilogramm schweren hölzernen Uhr. Das massive mit Zifferblättern, Rähmchen und Figuren übersäte Kunststück ist nicht das Werk eines Uhrmachers, sondern eines besessenen Bauernsohnes aus Drosendorf in der Oberpfalz, der sich während der dreijährigen Bauzeit einmauern ließ und zu keinem Menschen außer seinem Bruder Baptist Kontakt wünschte. Dieser brachte ihm Lebensmittel und Material. Die letzte große technische Herausforderung stellte für Josef Greß der Gockel dar. Er hatte sich in den Kopf gesetzt, dass auf dem

Uhrgehäuse ein Hahn sitzen soll, der mittels einer Pfeife und eines Blasebalgs möglichst natürlich schreien sollte. Lange tüftelte er auch an einer Mechanik, damit das Federvieh mit den Flügeln schlagen konnte. Doch auch das bekam der Bastler hin. Endlich kombinierte er den Hahn mit den selbst geschnitzten Jüngerfiguren, die einmal am Tag um eine Christusstatuette kreisen und sich verbeugen. Wenn Judas an Jesus vorbeigezogen ist, beginnt der Hahn dreimal zu krähen. 1881 war das Werk vollendet, doch erlitt der Tüftler sofort einen Nervenzusammenbruch, als er nach vier Jahren seine Einsiedelei aufgab. Er wurde in die Heilanstalt gebracht. Sein Bruder aber lud die Uhr auf einen Wagen und zog von Dult zu Dult, zeigte die Uhr auf jeder Kirmes. Mit ihm unterwegs war der Mann mit dem längsten Bart der Welt.
Die Figurengruppen der Uhr stammen aus der christlichen und der antiken Überlieferung. Die Stunde wird in vier Lebensalter geteilt. 15 Minuten lang sieht man ein Kind, das von einem jungen Mann abgelöst wird. Um halb erscheint ein Mann in der Lebensmitte, danach ein Senior. Nicht alle Figuren sind so oft zu sehen. Den Winzer etwa bekommt man eigentlich nur im Herbst zu sehen, einen Gärtner lediglich im Frühling und den schrecklichen Donar nur Donnerstags.
Natürlich wäre es gut für den Umsatz, wenn die Gäste beim Gocklwirt ein Jahr lang ausharren müssten, um alles zu sehen, oder gar vier, bis die Schaltjahresanzeige umspringt, aber Anton Rietz kann alle Szenarien auch von Hand auslösen. Dennoch kommen die Gäste gerne wieder. Das Lokal ist gut besucht.

Adresse:
Restaurant Gocklwirt
Weinbergstraße 9
83071 Stephanskirchen

Öffnungszeiten:
Mi–So 12.30–21.30 Uhr durchgehend warme Küche, Mo und Di Ruhetag.
Anmeldung unter Tel. 0 80 36/12 15.

Anfahrt mit öffentlichen Verkehrsmitteln:
Vom Bahnhof in Bad Endorf aus mit dem Stadtbus 9510 Richtung Rosenheim (Fahrtzeit: 20 Min.) bis Waldering, von dort aus etwa 2 km zu Fuß.

Kuriositäten in der Nähe:
- Kaffeekannenstube mit ca. 800 Kaffeekannen verschiedenster Herkunft im selben Lokal

Globuli vom Dalai Lama

Yaks-Zucht Kohl in Taufkirchen

Die Familie Kohl hielt früher Fleckvieh so wie die anderen Bauern auch: Große Milchkühe, die im Winter jeden Tag im Stall verbringen mussten. Doch dann machten sie Urlaub in Nepal und waren begeistert von den dortigen Hausyaks, kleinere, zottelige, genügsame Rinder, die man von Weide zu Weide treiben kann, die auch im Winter gerne draußen bleiben und in ihrer schneereichen Heimat der Kälte trotzen. Im Himalaya dienen sie als Arbeits- und Lasttier. 40 bis 100 Kilogramm trägt ein Yak. Wegen seiner breiten und robusten Klauen ist der Yak besonders trittsicher und vor allem auf den schneereichen Gebirgspässen für die Bergbewohner ein zuverlässiger Transporteur. Auch bei Kohls kann man beobachten, wie elegant gerade die jungen Tiere im Spiel klettern.

Die Familie kaufte aus Zoos und Safariparks die ersten Zuchttiere. Heute hat die Familie drei Herden mit insgesamt 84 Tieren und tauscht mit anderen Züchtern, um keine Erbkrankheiten zu riskieren. Zwei Herden mit Tieren in verschiedenen Fellfarben sind immer in Franking und dürfen von angemeldeten Besuchern gerne bestaunt werden. Auf die Weide sollten sich Fremde aber nicht trauen, da können auch Hausyaks wild werden.

Die Brunft der Himalayarinder dauert von Juni bis August. Jede Kuh bekommt jährlich ein Kalb – bis ins Alter von 22 Jahren. Ins Wallis lieferten Kohls schon junge Tiere – und auch die italienische Regierung wurde zum Kunden, denn Yakhaltung ist eine ökologische Maßnahme zum Erhalt von Magerwiesen und beugt Verbuschung vor.

Yaks werden in ihrer Heimat gemolken. Die Milch ist doppelt so fetthaltig wie die unserer Kühe. Yak-Milch kann man bei Familie Kohl aber nicht kosten, denn die Kälbchen bleiben bei ihren Müttern und werden neun bis zehn Monate lang gesäugt. Die Jungbullen werden nach dreieinhalb Jahren getötet, denn in jeder Herde wird nur ein geschlechtsreifer Bulle geduldet. Bis dahin aber hatten die Tiere ein deutlich

artgerechteres Leben als die meisten bayerischen Rinder. Die meisten Yak-Jungbullen sind in einer eigenen Herde in Österreich auf einer Alm und bewegen sich weitgehend frei in den Bergen.
Das Fleisch der beim örtlichen Metzger geschlachteten Tiere wird vakuumiert verschickt. Das Hackfleisch gilt als Delikatesse und auch die Landjäger werden von Privatkunden gerne bestellt. Weh tut es der Familie schon, die Tiere wegzugeben, die alle einen Namen haben. Jedes Tier habe einen eigenen Charakter, schwärmt Herr Kohl. Das merken auch wir als Besucher. Besonders den aufgeschlossenen Hugo, der bei allen Kühen der Herde trinken geht, haben wir ins Herz geschlossen. Der soll auch mal eine Herde bekommen und nicht unterm Messer enden!
Die Tiere, die geschlachtet werden, bekommen vor ihrem Ende noch kleine, schwarze Kügelchen. Sie stammen direkt vom Dalai Lama und sollen dafür sorgen, dass die Seele des Tieres beim Schlachten freigegeben wird und in den ewigen Kreislauf der Natur zurückkehrt. Besorgt hat die Globuli ein Lama aus München. Dieser buddhistische Geistliche hat mit der tibetischen Gemeinde auch schon Butsche, ein religiöses Yakfest, bei den Kohls gefeiert, eine Messe zelebriert und die Gebetsfähnchen ordnungsgemäß am Unterstand drappiert. Die in Bayern lebenden Tibeter, sagt Herr Kohl, seien begeistert gewesen, in den Tieren ein Stück Heimat in der Fremde zu erleben. Es würde auch uns sicher emotional anrühren, in Tibet einem bayerischen Wolpertinger zu begegnen!

Adresse:
Yaks-Zucht Kohl
Franking 7
84574 Taufkirchen

Öffnungszeiten:
Voranmeldung unter Tel. 0 86 38/7 24 02, Fax: 0 86 38/7 24 02 oder
E-Mail: kohl@yaks-zucht.de

Anfahrt mit öffentlichen Verkehrsmitteln:
Vom Bahnhof Mühldorf (Oberbayern) mit dem Bus 7509 Richtung Peterskirchen bis Gallenbach (der Bus verkehrt nicht in den Ferien) (Fahrtzeit: 35 Min.). Von Gallenbach aus 3,5 km zu Fuß.
Von Kraiburg a. Inn, Haltestelle „Marktplatz“, mit dem Bus 7516 Richtung Taufkirchen bis Englhausen (Fahrtzeit: 7 Min.). Von dort 2,7 km zu Fuß.

Kuriositäten in der Nähe:
• American Super Store in Kraiburg

Es gibt alles, was es nicht gibt

Girgls Clownmuseum in Teisendorf-Weildorf

Während der Schicht steht Girgl Meier in einem staubfreien Reinraum. Kein Raum für Schnickschnack, doch nach Feierabend schlüpft er aus dem superhygienischen Arbeitsanzug und in weite, bunte Clownhemden. Dann wird der Mann mit dem Clownpiercing im Bauchnabel und dem Schnurrbart zum Chef eines Museums voller Nippes.

Schon von außen lässt sich eine bunte Welt erahnen. Bunt ist die Schrift am hölzernen Lagerhaus. Den Aufgang zum Eingang zieren Figuren und Blumen. Blumen sind dem Besitzer wichtig und auch im Inneren des Museums finden Orchideen Platz. Lebendig soll das Museum wirken. Und dazu gehören nach Ansicht des Sammlers eben auch Pflanzen.

Im Vorraum grüßt den Besucher eine Ikone neben Zirkusplakaten. Dann geht es hinein in den Zirkus. Vitrinenweise werden in der Weildorfer Lagerhalle Porzellanfigürchen ausgestellt, Clowns aus aller Welt. Eine andere Vitrine zeigt Glasclowns aus Murano. Von der Decke hängen Clownmarionetten. An den mit Sonne, Mond und Regenbogen bemalten Wänden sind an Metallgittern Schlüsselanhänger, Abziehbildchen, Duschtücher und Bettwäsche mit Clownmotiven befestigt. Am Boden stehen Clowns auf Kinderpipitöpfchen, an WC-Garnituren, auf Hüpfbällen,

Clowns international

Der Name „Clown“ ist englisch und bedeutet „Tölpel“, was auch dem Ursprung der Figur entspricht. Dort gab es schon im 16. Jahrhundert professionelle Schauspieltruppen. Das Theater erlebte zur Zeit der Königin Elisabeth I. eine Blütezeit, zu der auch der Schriftsteller William Shakespeare beigetragen hat. Die Eintrittspreise waren niedrig, sodass nicht nur der Adel, sondern auch Handwerker und Händler regelmäßig Aufführungen besuchten. In den Pausen – auch von ernsten Tragödien – unterhielten Clowns das Publikum. Die Figur des Spaßmachers verbreitete sich in ganz Europa. In Deutschland traten sie als Hanswurst auf, in den italienischen Aufführungen der Commedia dell'Arte als Harlekin und in Frankreich als Pierrot.

Sonnenliegen und Regenschirmen. Es gibt Clowns als Schmuck und Karnevalsplaketten, Clownsparschweine und gar als Clown verkleidete Indianer. Manche Clowns halten Instrumente, manche beinhalten Spieluhren. Es gibt Clowns aus Massenproduktion ebenso wie Selbstgemachtes, etwa einen Clown aus einer Kokosnuss. Zum Spielen sind Murmelbahnclowns und zusammensteckbare Clowns gedacht, aber auch solche an Schiebestangen oder Wippclowns. Andere sind eher zum Kuscheln geeignet, dienen als Lampenhalterung oder Kissen. Die meisten sind aber voll und ganz nutzlos.
2916 Clowns sind insgesamt im Museum versammelt. Kein Zentimeter des alten Lagerhauses wurde verschenkt. Girgl Meier ist besessen von seiner Sammelleidenschaft. Er grast Flohmärkte ab und wird von Freunden beschenkt. Es zählt nicht der Wert, die Schönheit oder die Seltenheit des Objekts: Hauptsache ein Clown ist abgebildet. So findet zum Beispiel auch ein hässlicher, weißköpfiger Clown mit fünf gelben Punkten auf dem kahlen Oberkopf, je einem lila Knoten rechts und links der Schläfen und unförmigen Pumphosen seinen Platz an der Wand des Museums.
Girgl Meier besitzt ein Clownservice, Clownservietten, clownige Tortenheber, Salzstreuer, Raumbefeuchter, ein Autogramm des russischen Staatsclowns Oleg Popow, Eisteller, Wäschebeutel und Jojos. Für ihn ist das Museum mehr als ein Sammelsurium. Begeistert ruft er bei der Führung durch die Räume immer wieder aus: „Es gibt alles, was es nicht gibt!" Er dankt Gott, Raum gefunden zu haben für sein Museum. Aus Dank hängt zwischen den Clowns ein Kruzifix. Das Museum hat Girgl Meier segnen lassen und wünscht, dass es anderen Freude bringt und zum Segen wird.

Adresse:
Girgls Clownmuseum
Im alten Lagerhaus
83317 Teisendorf-Weildorf

Öffnungszeiten:
Öffnung nach Vereinbarung unter Tel. 0 86 66/76 59.

Anfahrt mit öffentlichen Verkehrsmitteln:
Ab München Hbf. mit dem Regionalexpress 79031 in Richtung Freilassing bis zum Teisendorfer Bahnhof (Fahrtzeit: 35 Min.). Von dort aus 3,6 km zu Fuß.

Kuriositäten in der Nähe:
- Deutschlands kältester Ort – der Funtensee
- Murmelmühle in Marktschellenberg
- Fassadenmalerei von 1610 mit Affen, die menschliche Laster darstellen, in Berchtesgaden

Aua!

Die sprechende Krähe Laura im Erholungsgebiet Höllohe in Teublitz

Laura ist ein Star, keine Frage. Manche behaupten, sie sei bekannter als der Landrat. Sie weiß das auch! Die Saatkrähe sitzt wie eine Diva auf ihrem Platz und hofft auf Rosinen und andere Leckereien. Sie würde sie sich auch selbst bei den Besuchern holen, diese Mühe scheut Sie nicht, aber ihre Zutraulichkeit geht einfach zu weit. Wenn sie dem Park entwischt, werden Schäden an Automobilen gemeldet, wobei Laura besonders auf verchromte Teile steht. Sie hat auch keine Hemmungen, Kindern im Kinderwagen auf den Kopf zu fliegen und ihnen genussvoll die Brezen zu entreißen. Das hört sich gefährlich an, im Prinzip ist Laura aber einfach nur ein sehr frecher und fröhlicher Vogel.
Die Saatkrähen sind Allesfresser und ernähren sich etwa zu gleichen Anteilen von pflanzlicher und tierischer Nahrung. Ihre Hauptnahrung bilden in der Natur wirbellose Tiere und Sämereien, aber auch Mäuse. Und so ist Laura nicht nur auf Brezen aus, sondern auch gut mit dem örtlichen Metzger befreundet, der immer Wurst für Laura mitgibt, wenn Herr Hermann, einer der zwei Parkpfleger, einkaufen geht. An pflanzlicher Nahrung spielen in der Natur vor allem Getreidekörner und Früchte eine wichtige Rolle. Getreide und Früchte? Wie kann man das leckerer zu sich nehmen als in der Form von Schneckennudeln? Die liebt Laura sehr. Herr Hermann bittet allerdings, mitgebrachtes Futter für Laura und die anderen Tiere in den dafür vorgesehenen Behälter zu geben. So hat der Parkangestellte den Überblick, wie viel Süßes Laura schon im Bauch hat. Der Park verlangt keinen Eintritt und so ist er auf das Geld aus dem Futterverkauf und Lebensmittelspenden wie Äpfel oder Getreide angewiesen, allerdings wird die wilde Fütterei manchen Tieren zum Verhängnis. Die Esel des Parks waren nach wenigen Wochen totgefüttert! Laura scheint da robuster.

Dass Laura so zutraulich ist, liegt daran, dass die Fünfzehnjährige von Menschen aufgezogen wurde. Herrn Hermann wurde sie als Junges anvertraut. Dass sie nun erwachsen ist, merkt man auch daran, dass

sich ab Mitte März ihre wild lebenden Verehrer einfinden und um ihre Gunst buhlen.
Laura macht meist Geräusche wie andere Krähen auch. Der häufigste Ruf der Saatkrähe ist ein tiefes und heiseres „krra“ oder „korr“. Ihr Name bedeutet Krächzerin und ahmt ihren Ruf nach. Ihr Gesang klingt wie Geplapper mit metallischem Schnarren. Laura aber kommuniziert nicht nur in Krähensprache. Sie ruft auch deutlich „Laura“, „Opa“ und „Oma“. Irritierend ist es, wenn sie laut und deutlich „Aua“ brüllt, dann denkt jeder, dass sich ein Kind im Park verletzt hat.
In Lauras Käfig leben außer ihr zwei Pfaue. Denen hilft sie während der Mauser, die Schwanzfedern auszuziehen, ansonsten sind die beiden schön, aber etwas damisch. Laura ist ein sehr verspielter Vogel. Herr Hermann versteckt gerne etwas vor ihr, was sie suchen muss. Es soll dem Vogel ja nicht langweilig werden.
Langweilig wird es den Besuchern von Höllohe ganz sicher nicht. Der Park ist 38 Hektar groß. Nicht überall sind Gehege, es gibt vielmehr auch wilde Waldstücke und zusätzlich zu dem von allerlei Gänsen und Enten bevölkerten See einen romantischen Seerosenteich. Man bekommt Waschbären und Damwild zu sehen. Es gibt ein weitläufiges Storchengehege, Kaninchen und Zebrafinken, aber auch ein großes Spielgelände, viel Platz zum Toben, Bänke, einen Kiosk und Lernstationen. Höllohe ist ein Tiergarten ohne Hektik und ein – man verzeihe das Wortspiel – höllisch schönes Paradies!

Adresse:
Wildpark Höllohe
Am Wildpark
93158 Teublitz

Öffnungszeiten:
Der Wildpark steht seinen Besuchern zu jeder Jahreszeit 24 Stunden am Tag offen. Hunde an der Leine sind erlaubt.

Anfahrt mit öffentlichen Verkehrsmitteln:
Entweder ab Regensburg Hbf. mit dem Bus der RVV-Bus-Linie 41 Richtung Teublitz bis zur Endhaltestelle „Rathaus“ (Fahrtzeit: 1 Std.), dann 1,8 km zu Fuß. Oder ab Schwandorf mit der RVV-Bus-Linie 41 Richtung Regensburg Hbf. bis zur Haltestelle „Bömmerlschlag“ (Fahrtzeit: 17 Min.), dann 1,5 km zu Fuß.

Kuriositäten in der Nähe:
- Surfbikeverleih am Steinberger See
- Höhlenhäuser in Kallmünz
- Werkstatt für Tierhornflöten in Schwetzendorf

Für Hühner verboten!

Werner Wicks Stonehenge in Velden an der Vils

Werner Wick ist offen – offen für andere Religionen, für andere Länder, für Besucher. Jeder kann seinen Garten bestaunen. Eventuell ist das Tor zu, damit die Kinder Melissa und Michael nicht beim Spielen auf die Straße rennen, aber dann muss man nur über den Zaun greifen und gelangt auf das Firmengelände des Gartenbaubetriebs. Hühner sollte man keine mitbringen. Herr Wick ist tolerant, aber wenn selbsternannte Druiden auf dem Opferstein des nachgebauten Stonehenge rituell Tiere schlachten, das geht dem Katholiken zu weit. Er ist sonst dem Spirituellen nicht abgeneigt und hat die Idee zum Nachbau von Stonehenge bekommen, nachdem er zwei Nächte in dem archaischen, englischen Steinkreis verbracht und die Energie gespürt habe, aber tote Hühner? Nein!

Der Weg nach Stonehenge führt hinter das Haus an einem Gartenteich entlang zu einer Steintreppe. Sie ist ziemlich monumental und war einst die Treppe zum Portal der Alten Pinakothek. Herr Wick hatte den Auftrag, diese Treppe der Gemäldesammlung in München zu restaurieren und kaputte Steine zu erneuern. Das Problem: Blaustein ist nicht mehr zu bekommen. Es war Hitlers Lieblingsstein, der durch Zwangsarbeiter im Konzentrationslager Flossenbürg abgebaut wurde. Dieser Steinbruch wurde bei Kriegsende durch die Alliierten gesprengt und die KZ-Häftlinge befreit. Werner Wick sagte dem Denkmalamt, dass Blaustein nicht aufzutreiben sei, worauf er die gesamte Treppe in Granit nachbauen musste. Die alten

Gedenkstätte Flossenbürg

Im Mai 1938 wurde in Flossenbürg in der Oberpfalz ein Konzentrationslager eingerichtet, in dem Zwangsarbeiter, besonders politische Gegner des Nationalsozialismus und gesellschaftliche Außenseiter, im Steinbruch arbeiten mussten. Im Rahmen der von der SS gegründeten „Deutschen Erd- und Steinwerke" (DEST) sollte hier u. a. der Abbau von Naturstein für nationalsozialistische Bauvorhaben vorangetrieben werden. 1942 begann außerdem die Firma Messerschmitt Teile der Flugzeugproduktion in die Flossenbürger Werkshallen zu verlegen. Im Lager Flossenbürg und seinen Außenlagern in Bayern, Böhmen und Sachsen waren insgesamt etwa 100 000 Gefangene inhaftiert, über 30 000 Häftlinge, darunter der Theologe Dietrich Bonhoeffer, wurden ermordet. Heute befindet sich am Ort des Hauptlagers eine Gedenkstätte.

Blausteine aber durfte er mit heim nehmen – und baute aus ihnen eine riesige Gartenterrasse. Auf der befindet sich ein zweites Stonehenge: Exakt so vermessen, dass die Sonne bei der Sommersonnenwende auf den Stein an der Stirnseite fällt. Die Steine stammen aus Österreich, denn bei uns werden nicht die geologischen Verhältnisse vorgefunden, bei denen zwischen den Trennschichten aus Lehm solch massive Steinbrocken liegen. Der Aufbau der Hinkelsteine stellte ein großes Problem dar. Man fragt sich, wie die Menschen der Steinzeit solche Menhire aufrichten konnten: Selbst moderne Seilzugbagger sind überfordert und die eingesetzten Sattelschlepper konnten die Lasten nur knapp bewältigen. Die Steine reichen etwa 2,5 Meter in den Erdboden und unter den Steinbögen kann auch ein großer Erwachsener hindurchgehen, ohne den Rücken zu beugen.

In der Mitte der Anlage befindet sich eine Art Grab – mit Plexiglas belegt. In ihm findet bald wieder eine künstliche Mumie Platz, die Werner Wick zur Einweihung des Stonehenge von einem befreundeten Künstler geschenkt bekam. Die Mumie jedoch hatte zu gammeln begonnen und war bei unserem Besuch zur Restaurierung wieder beim Künstler.

Herr Wick ist kein Sonnenanbeter, sondern katholisch. Neben seinem Betrieb hat er eine Kapelle errichtet als Dank dafür, dass er einen in 99 Prozent aller Fälle tödlichen Genickbruch überlebt hat. Seit Jahren hilft er selbst anderen beim Überleben: Straßenkindern in Bolivien. Drei Monate im Jahr baut und renoviert er Häuser in einem Kinderdorf, das von dem Franziskaner-Pater Alfred geleitet wird. Neben dem nachgebauten Stonehenge hängt ein Spendenbüchslein. Der Eintritt in Wicks Garten kostet nichts, aber der Besitzer freut sich, wenn etwas Geld in die Metallbüchse wandert. Er sichert zu, dass das Geld ohne Abzug bei den ausgesetzten Kindern ankommt. Wenn Werner Wick etwas bewegt, ist es groß oder sogar großartig!

Adresse:
Werner Wick
Kreuz 8–9
84149 Velden a. d. Vils

Öffnungszeiten:
Der Garten ist ganzjährig geöffnet.

Anfahrt mit öffentlichen Verkehrsmitteln:
Vom Bahnhof in Dorfen mit dem Stadtbus 9403 Richtung Velden bis Haltestelle „Kreuz“ (Fahrtzeit: 32 Min.).

Kuriositäten in der Nähe:
- Weidenhain in Taufkirchen
- Fußballgolf in Bodenkirchen

Trockene Reste sind das Beste!

Das Fischlederhaus in Viechtach

Kaum haben wir einen Fisch auf dem Teller, schimpfen wir über die glitschige, schuppige Haut und schaben sie an den Tellerrand. Wir werfen dabei einen Rohstoff weg, aus dem noch Taschen, Schuhe, Hüte, Geldbörsen oder Kleider hätten entstehen können. Die am riesigen Fluss Amur an der Grenze zwischen Russland und China lebenden Nanai dagegen ließen traditionell nichts verkommen. Das Volk lebte von und mit der Natur. Ihre Religion war ein schamanischer Animismus, der Glaube an eine beseelte Umwelt, an die Existenz von lebendigen, geisterhaften Wesen in allen natürlichen Objekten. Sie gingen davon aus, dass die Menschen und unter ihnen besonders erfahrene Schamanen mit diesen Kräften in Kontakt treten können und sie mit ihnen. Die Menschen nahmen der Natur nicht mehr, als zum Überleben nötig war. Im Amur fingen sie Störe und Lachse, die im Sommer den Fluss hinaufziehen. Im Spätsommer schwimmen sie aus dem Meer, wo sie sich bis zur Geschlechtsreife fünf Jahre lang aufgehalten haben, in den Amur und über Hindernisse hinweg aufwärts zu ihren Laichplätzen in den Quellgebieten und ruhigen Seen in der Mongolei, wo sie selbst geboren wurden. Dort laichen sie und sterben entkräftet von der langen Reise.

Die gefangenen Fische wurden von den Nanai auf großen Gestellen getrocknet. Sie haben so Vorräte angelegt. Der Fisch war nicht nur das Hauptnahrungsmittel der Nanai, sondern wurde außerdem zu Fischöl und zu Fischhaut für Sommer-Kleidung weiterverarbeitet. Dazu kam die Jagd auf Rentiere wegen des Fleisches und Leders, denn für den Winter ist das Fischleder nicht wärmend genug.

Als die Russen immer weitere Gebiete im Osten eroberten, bekamen die Nanai eine eigene Schriftsprache und wurden anfangs auch in der Sowjetunion respektiert, unter Joseph Stalin aber galten die Nanai als rückständige Eingeborene, die man zivilisieren müsse – und ihre Art zu wirtschaften passte absolut nicht zur Massenfertigung des Sozialismus. Jeder im Riesenreich sollte außerdem die dominierende russische Sprache sprechen. Ab 1957 konnten Lehrer bestraft werden, wenn sie außerhalb des muttersprachlichen Unterrichts an Schulen in der Sprache des einheimischen Volkes redeten. Traditionelle Vornamen wurden verboten. In den 1960er Jahren prahlte die staatliche Propaganda damit, dass nun mehr und mehr Eltern die Vorteile der russischen Sprache eingesehen hätten und ihre Kinder in russischer Sprache erziehen ließen. In Wirklichkeit trennte man die Kinder von ihren Eltern und verbrachte sie für das gesamte Vorschul- und Schulalter in Internate.

Auch der 1955 geborene und heute in Viechtach lebende Anatoly Donkan teilt dieses Schicksal. Er durfte nicht bei den Nanai aufwachsen. Erst im Erwachsenenalter machte er sich auf die Suche nach seinen Wurzeln, nach den durch den Staat verbotenen religiösen Riten, aber auch den alten Handwerkstechniken. Er lernte, wie die Nanai die Haut der Fische abschaben, sie trocknen und walken, sie durchklopfen und so lange bearbeiten, bis die Haut vollständig von Schuppen befreit ist und so weich wie Nappaleder. Die Fischhaut wird in einem Sud gegerbt, dann gepresst und geglättet. Besonders gut eignen sich Störe aus der Fischzucht, da ihre Haut parasitenfrei ist, allerdings wirkt sich die Fütterung stark auf das Leder aus. Donkan fühlt sich nicht nur deswegen artgerechter Tierhaltung verpflichtet. Er ist bereit, sein Wissen weiterzugeben, um das, was in vielen Fischfabriken als Abfall anfällt, weiter zu nutzen, allerdings nur, wenn ein Produkt entstehe, das Menschen und Tieren gerecht werde.
Anatoly Donkan betreibt ein Fischlederhaus mit seiner Lebensgefährtin Marielle Onodera. Es beinhaltet einen originellen Laden und ein faszinierendes kleines Museum. Zu sehen gibt es historische Bekleidung aus Fischleder, hergestellt aus unterschiedlichen Fischarten wie Karpfen, Lachs und Wels, sowie andere Kult- und Gebrauchsgegenstände des sibirischen Urvolkes der Nanai: vom Ohrenputzer über Schmuckstücke bis hin zu Geisterfiguren und Amuletten. Zu kaufen sind Geldbörsen, Handtaschen, Schuhe, Handschuhe, Hüte, Jagdbögen, Haarspangen und andere Accessoires – Stücke, die das Künstlerehepaar selbst anfertigt oder die von anderen Designern, die mit Fischleder arbeiten, gestaltet werden.

Adresse:
Amur Art Museum
Mareille Onodera und Anatoly Donkan
Spitalgasse 1
94234 Viechtach

Öffnungszeiten:
Mo–Sa 9–13 Uhr sowie nach Vereinbarung unter Tel. 0 99 42/80 96 71.

Anfahrt mit öffentlichen Verkehrsmitteln:
Vom Bahnhof in Straubing mit dem Bus 15 Richtung Viechtach bis zur Haltestelle „Stadtplatz“ (Fahrtzeit: 63 Min.).

Kuriositäten in der Nähe:
- Holzmotorrad im Wurzelhaus Kollnburg
- Gewölbe der Geheimnisse in Viechtach

Autochtoner Kern

Eine ausgestorben geglaubte Nuss kehrt zurück nach Viechtach-Plöß

Totgeglaubte leben länger. Die Pimpernuss, die als ausgestorben galt, wird bis zu 1000 Jahre alt. Die Menschen werden also noch im Jahr 3000 davon profitieren, dass Bartl Köppl die Pimpernuss, auch Klappernuss genannt, gerettet hat.
Pimpernussstauden sind an sich haltbar und stabil. Trotzdem schützte das ihr Leben nicht. Das Holz, das sich kaum mit einer Metallsäge schneiden lässt, war schon bei den Römern begehrt. Die an sich kaum zu fällende Pflanze wurde in ihrem Bestand so stark gefährdet, dass sie offiziell in Deutschland nicht mehr vorkam. Das Wasserwirtschaftsamt entdeckte aber an zwei Stellen in Bayern einige Überlebende, deren Standort sogar geheim gehalten wird.
Das Amt beauftragte Bartl Köppl damit, den Samen zu ernten und zum Keimen zu bringen. Doch das war kein leichter Auftrag. Wen sollte man fragen, wie man die Nüsse behandeln muss? Die Römer, die es hätten wissen können, haben Deutschland längst verlassen. Köppl experimentierte lange herum, doch 15 Jahre lang ging nur das ein oder andere Pflänzchen auf, genug für ein winziges Wäldchen, das immer wieder Saatgut lieferte, aber nicht genug zur Sicherung der Art.
2010 aber hatte Herr Köppl endlich Erfolg: Alle letztjährigen Samen keimten. Ein großer Teil der Pflanzen wird nun bei Dorferneuerungsaktionen und auf staatlichen Flächen außerorts gesetzt werden. Ein Gesetz besagt, dass in Bayern auf öffentlichem Gelände nur noch nachweislich aus dem jeweiligen Naturraum stammende, also autochtone Pflanzen verwendet werden dürfen. Pimpernüsse statt Perückensträucher! Das soll helfen, die Faunenverfälschung zu verhindern.

Nicht autochton!

Bei vielen Nutzpflanzen, wie beispielsweise beim Mais, der Kartoffel oder der Douglasie und gar bei der Kamille ist uns deren fremde Herkunft nicht mehr bewusst. Diese wertvollen Nutzpflanzen gelten für viele schon lange als eingebürgert. Andere nicht ursprünglich hier heimische Arten jedoch bereiten der Natur gravierende Probleme, weil sie sehr aggressiv einheimische Arten verdrängen. Zierpflanzen, wie das bekannte Springkraut, die Goldrute, der Riesenbärenklau und die Nachtkerze, gehören dazu. Da hierzulande natürliche Feinde und Krankheiten fehlen, vermehren sie sich oft stark und können nur mit hohem Aufwand eingedämmt werden.

So viele Pflänzchen aber, wie vor dem Haus der Köppls gedeihen, braucht das Land nicht. Nun können auch heimatverbundene Privatleute ihren Garten mit dem seltenen, heimischen Nüsschen schmücken. Drei bis neun Euro verlangt Bartl Köppl für die Jungpflanzen. Eine besondere Augenweide sind die Pflänzchen nicht, auch blühen sie unspektakulär. Dann aber reifen in grünen, etwas an Ziegenhoden erinnernden Säckchen je zwei bis drei braune Nüsse heran. Trocknet man sie nach der Reife mitsamt der Fruchthülle, erhält man richtig klappernde Klappernüsse. Die kleinen, haselnussbraunen, kugelrunden Klappernüsse sind schwer zu knacken. Der Kern wird von einer extrem harten Schale geschützt. Hat man sie aber endlich aufbekommen, wird man mit pistazienartigem Nussgeschmack belohnt.

Früher wurden diese superharten Nüsse als Gebetsperlen in haltbaren Rosenkränzen verwandt, doch haben sie noch einen anderen, sehr weltlichen Zweck: Bartl Köppl hat ihn in seiner bekannten vulgären Ode „Die Pimpernuss“ in begeisterte Reime gefasst. Aus Gründen des Anstandes möchten wir sie nicht vollständig abdrucken. Ein Vers beispielsweise besagt: „Hast du Pimpernuss in der Blutbahn, kannst du ... wie ein Truthahn“. Die eigene Pimpernussernte verarbeitet Köppl daher zu potenzsteigerndem Nusslikör. So kann die vermehrungsträge Nuss immerhin zur Vermehrung der Menschen beitragen. Und lecker ist der Likör auch.

Bartl Köppl ist mit seinem Erfolg zufrieden. Als ihm vor Jahren die Idee kam, Blaufichten für Weihnachten anzupflanzen und damit etwas dazuzuverdienen, schlug der Förster die Hände über dem Kopf zusammen: Blaufichten im Bayerischen Wald – das sei unpassend. Er schlug Bartl Köppl vor, besser auf autochtone Arten zu setzen, nur Pflanzen aus Samen von mindestens 100 Jahre alten, heimischen Bäumen anzubieten. Das habe wirklich Zukunft. Der Förster war hellsichtig und Köppl wurde zum ersten Anbieter für urbayerische Buchen, Eichen und andere Waldbäume.

Adresse:
Baumschule Köppl
Plöß 14
94234 Viechtach-Plöß

Öffnungszeiten:
Voranmeldung unter Tel. 0 99 42/81 79.

Anfahrt mit öffentlichen Verkehrsmitteln:
Ab Viechtach-Stadtplatz mit dem Bus 6194 bis Plöß (Fahrtzeit: 47 Min.).

Kuriositäten in der Nähe:
- Wurstkekse mit Lebkuchengeschmack bei der Metzgerei Woppmann in Trebersdorf
- Waltinis Stadl – Zaubergastronomie in Langdorf-Waldmann

Lärm aus dem Ohr

Die Elefantenohrtrommel im Schwarzafrikamuseum des Klosters Schweiklberg in Vilshofen an der Donau

Ein Besuch des Klosters über Vilshofen ist wie ein Kurzurlaub. Auf der gemütlichen Terrasse der Cafeteria gibt es selbst gemachten Kuchen. Man wird von einem freundlichen Mönch, Bruder Leo, bedient und braucht kein schlechtes Gewissen zu haben, wenn man sich im Wintergarten wärmt – das Ökokloster setzt auf regenerative Energien: Photovoltaik, Solarthermie, Wasserkraft, Kraft-Wärme-Kopplung und ein Biomasse-Heizwerk.

Bei dem Orden handelt es sich um Missionsbenediktiner mit Niederlassungen auf der ganzen Welt, besonders auch in Afrika. In Uganda betreiben sie zum Beispiel Lehrwerkstätten und eine Augenklinik, unterhalten eine Schule für behinderte Kinder in den Slums von Nairobi und ein Wasserförderprojekt in Tansania. Schon seit dem Beginn der Afrikamission brachten Mönche afrikanisches Kunsthandwerk mit nach Deutschland. Das heutige Schwarzafrikamuseum stellt neben dem, was die Klosterbrüder zusammengetragen haben, auch Leihgaben privater Sammler aus. Es ist damit das größte Museum für die Kultur Afrikas in Bayern, die sehr modern und professionell präsentiert wird.

Liebling der Kuriositätenfreunde ist natürlich die große Trommel von den Tsonga. Die Tsonga, die auch Batonga, Batonka oder We genannt werden, leben in Gebieten Mosambik, Swazilands und Südafrikas. Die Trommel ist afrikanisch, doch die Lackfarben darauf stammen wohl aus den 1930er-Jahren aus Europa. Ein Elefantenohr dient als Trommelfell. Dieses Ohr wurde mit Holzpflöcken auf der Trommel befestigt. Afrikas Elefanten sind die größten lebenden Landsäugetiere der Erde. Ein Unterschied zum Asiatischen Elefanten sind die deutlich größeren Ohren, die eine Länge von 2 Metern erreichen können. Ohren sind ja eigentlich zum Hören da, aber auch zum Gehörtwerden gut. Vermutlich wurden mit der Trommel vor der Einführung des Mobiltelefons Nachrichten von Ort zu Ort verbreitet. Sie hing unter einer überdachten kleinen Hütte und war leicht schräg angebracht. Geschlagen

wurde sie mit zwei keulenförmigen Schlägern oder mit der flachen Hand. Durch ihren großen Klangkörper war sie kilometerweit zu hören.
Eine sehr ungewöhnliche Person, die ruhig in ihrer Vitrine sitzt, ist die Clanmutter der Bangwa, die im Kameruner Grasland leben. Die sitzende Person hat riesige Augen und hoch in die Stirn reichende Augenbrauen. Das Haar ist streng nach hinten geflochten, der Mund leicht offen und an den seitlich hinabhängenden Armen trägt sie einen breiten Reifen. Sie hat einen riesigen, weit über ihre Zehenspitzen herausragenden Bauch, als sei sie mit Siebenlingen schwanger. Das ungewöhnliche Behältnis diente in dem Dorf am Nun-Fluss zu Aufbewahrung getrockneter Nabelschnüre von Neugeborenen des Ortes. Die Figur selbst hat auch einen nach außen stehenden Bauchnabel, wohl Folge eines Nabelbruchs. An dem Knubbel lässt sich die innen hohle Figur öffnen. Sie ist heute leer, denn die Nabelschnüre wurden herausgenommen, als sie in den Besitz eines Sammlers wechselte. Die Clanmutter im Museum in Vilshofen ist einmalig – und auch viele Kamerunexperten haben noch nie zuvor eine solche Aufbewahrungsstatue für Nabelschnüre gesehen.
Die beeindruckende Ausstellung birgt noch viele andere sehenswerte Dinge in liebenswürdiger, ruhiger Atmosphäre. Doch nicht alle Ausstellungsstücke lagen schon immer so friedlich in ihren Glaskästen. Einige sonderbar aussehende Kultmesser wurden auch für Hinrichtungen verwendet oder dienten als Machtsymbole von Herrschern.
Trommeln Sie also die Familie zusammen und fahren ins Kloster – zum Kaffeetrinken und Staunen über kuriose Zeugnisse afrikanischer Vergangenheit mitten in Bayern.

Adresse:
Missionsbenediktinerabtei Schweiklberg
Schweiklberg 1
94474 Vilshofen a. d. Donau

Öffnungszeiten:
Das Museum ist täglich 13.30–17 Uhr, auch an Sonn- und Feiertagen, geöffnet.

Anfahrt mit öffentlichen Verkehrsmitteln:
Vom Bahnhof in Vilshofen (Niederbayern) aus mit dem Bus 6109 Richtung Gainstorf bis zur Haltestelle „Schweiklberg“ (Fahrtzeit: 3 Min.).

Kuriositäten in der Nähe:
- Größter europäischer Ginkgohain in Vilshofen
- Wildweststadt Pullmann City in Eging am See

Adrette Skelette

Die Heiligen-Leiber in der Basilika in Waldsassen

Was tun, wenn man einen Heiligen braucht und keinen hat? Das Problem stellte sich bei vielen katholischen Kirchenbauprojekten des 17. Jahrhunderts. Im Dreißigjährigen Krieg waren viele Kirchen abgebrannt und Reliquien verschollen. Im beginnenden Barock setzte dann aber wieder eine rege Bautätigkeit ein. Die katholischen, prachtvollen Kirchen sollten sich bewusst in ihrem Prunk und ihrer Herrlichkeit von den schlichten Kirchen der Protestanten abheben, die Kirchenschmuck und Reliquien im Besonderen ablehnten. Jene verachteten das Gebet an Heilige und ihren Kult als Götzendienst und lebten nach dem Text des Chorals „Allein Gott in der Höh' sei Ehr!". In der katholischen Kirche galt aber nach wie vor die Wallfahrt zu den Gebeinen der Heiligen als wichtige religiöse Übung. Und Waldsassen wollte daran Anteil haben.

Praktisch, dass in Rom 1578 an der Via Salaria ein Weinberg eingebrochen und eine große unterirdische Grabanlage aus dem 3. Jahrhundert gefunden worden war. Es war damals in Rom vorgeschrieben, Tote außerhalb der Stadt zu beerdigen und unterirdische Gräber waren für Mitglieder aller Religionen üblich. Im Laufe der Jahrhunderte wuchsen sie zu riesigen Anlagen heran – allein in der Calixtus-Katakombe sollen zuletzt 1,7 Millionen Menschen bestattet gewesen sein. So genau wusste man bei den meisten Skeletten nicht, wer die Personen einmal waren, doch wurden die Toten der Katakombe allgemein zu Märtyrern erklärt.

Darauf setzte ein reger Handel mit ihren Gebeinen ein. Zuerst reagierte der Papst ablehnend, ließ dann aber den Skelettexport als „alten Brauch" zu. Ein komplexes Antrags- und Bewilligungssystem sorgte dafür, dass Katakombenheilige nicht zum Massengut verkamen. Nur mit guten Beziehungen und viel Geld konnten Gebeine erworben werden. Es ging also alles mit rechten Dingen zu und niemand war so dumm, die Echtheit der gut verkäuflichen Knochen anzuzweifeln.

In Waldsassen ist man stolz, mit zwölf Heiligen eine stattliche Anzahl zu besitzen. Vom Heiligen Liberatus und Bonifazius ist aber nur der Kopf vorhanden, der in einem Kopfreliquiar aufbewahrt wird. Bei den meisten heiligen Leibern befindet sich ein Blutfläschchen in einem Kelch. Es heißt, dass in ihm das Blut aufbewahrt ist, das die christlichen Toten bei ihrem Martyrium verloren hatten. In Wirklichkeit waren die Fläschchen aber Grabbeigaben. Die kleinen Gefäße enthielten Parfumöle. In der Archäologie bezeichnet man die kleinen, römischen fläschchen- oder amphorenförmigen Salbgefäße aus Glas oder Keramik, die im Aussehen in etwa einem modernen Parfumflakon entsprechen, als Unguentarium, Balsamarium oder Lacrimarium.

Der erste Heilige, der 1688 in Waldsassen zusammen mit einer Bestätigungsurkunde seiner Heiligkeit ankam, war Deodatus. Das Skelett hatte ein Regensburger Domherr vermittelt.
Es folgten weitere Skelette, deren ursprüngliche Namen teils unbekannt waren. Der heilige Vitalianus und der heilige Gratianus wurden erst etwa 1500 Jahre nach ihrem Sterben auf ihre Namen getauft. Sie stehen aufrecht zu beiden Seiten des Tabernakels am Marienaltar und tragen jeweils in ihrer rechten Hand einen goldenen Lorbeerzweig als Symbol des Ruhmes, des Sieges und des Friedens. Die linke Hand – oder was davon übrig ist, liegt auf ihrem nicht mehr vorhandenen Herzen. Sie tragen schwere, goldbestickte Röcke, ein Wams aus feinem Gold- und Silberdraht, edelsteingeschmückte, filigrane Stiefel und machen auch sonst, dafür, dass sie weder Haut noch Muskeln besitzen, eine ziemlich gute Figur. Bis auf einen wurden sie alle von dem begabten Laienbruder Frater Adalbert Eder, der eigentlich in einer Seilerei gelernt hatte, ausgestattet und kirchenfein hergerichtet.
Einzige Frau unter den Heiligen ist die heilige Ursa in ihrem ein mal zwei Meter großen Glasschrein am Katharinenaltar. Sie trägt als Zeichen ihrer Jungfräulichkeit eine Lilie in der Hand. Nur 26 Jahre alt soll sie geworden sein, wirkt aber in ihrem Goldgewand recht alterslos. Wollen Sie keinen Besuch bei der schönen, reich gekleideten Dame machen? Sie ist garantiert daheim.

Adresse:
Basilika
Basilikaplatz
95652 Waldsassen

Kontakt über:
Tourist-Info
Johannisplatz 11
95652 Waldsassen

Öffnungszeiten:
Die Basilika ist täglich ab 7.30 Uhr bis zur Dämmerung geöffnet.

Anfahrt mit öffentlichen Verkehrsmitteln:
Vom Bahnhof in Selb Stadt mit dem Bus 7606 Richtung Waldsassen bis zur Haltestelle „J.-Wiesneth-Straße“ (Fahrtzeit: 40 Min.) oder ab Wiesau (Oberpfalz) mit dem Bus 6276 (Fahrtzeit: 22 Min.).

Kuriositäten in der Nähe:
- Riesige Klostergruft in Waldsassen
- Grab der stigmatisierten Theresa Neumann in Konnertsreuth

Zapfenstreich

Zirbenzapfenwein aus der Allgäuer Gebirgskellerei in Wertach

Oberbayern ist bekannt für seine Biere, aber nicht gerade für seine Weine. Und doch gibt es sie, wenn auch nicht wie anderswo üblich. Schon die Weinlese sieht hier total anders aus. Im Frühling gehen Carsten Hell und Bekannte aus dem Dorf auf die Wiesen. Diese sind knallgelb, denn die Kuhfladen der Weiderinder sorgen dafür, dass der Löwenzahn auf den fetten Weiden üppig gedeiht. Die Blüten werden gesammelt. Viele helfen mit. Es gibt Kaffee und Kuchen. Nach der Ernte werden die feinen Blättchen abgeschnippelt und zu Wein vergoren. Löwenzahnwein hat, trocken ausgebaut, einen leicht herben Geschmack. Er ist beinahe durchsichtig und passt hervorragend zum Bergkäse. Berichtet man darüber einem Winzer aus einer traditionellen Weinbauregion, wird dieser skeptisch reagieren. Doch es geht bei oberbayrischen Weinbauern noch weitaus ungewöhnlicher zu.
Ein besonders exotisches Produkt der Gebirgskellerei ist der Zirbenzapfenwein, der durch seine Färbung an Rosé denken lässt. Der Duft erinnert zunächst entfernt an Omas Latschenkiefersalbe und man fragt sich, ob diese Flüssigkeit wirklich trinkbar ist. Der Geschmack überrascht aber meist positiv, ist eigenständig und leicht holzig und harzig – der ideale Tropfen zu geräuchertem Schinken.
Die Zirbe gehört zur Familie der Kiefern und kommt hauptsächlich am Alpenhauptkamm, in den Dolomiten und auch noch im Lechtal vor. Sie ist eine Survivalkünstlerin unter den Nadelbäumen, die äußerst lebensfeindlichen Bedingungen auf Höhen von bis zu 2300 Metern in Schnee, Eis und Sturm trotzt. Bis zu 50–60 Grad Celsius Frost kann sie aushalten. Nicht jedes Jahr wachsen in den Wipfeln die schuppigen Früchte mit den hauchdünnen Samenplättchen heran. Nur zwei bis

Berauschende Folgen

Auszug aus der berühmten Strafpredigt von Martin Luther aus dem Jahr 1534: „Unser deutscher Teufel wird ein guter Weinschlauch sein und muss Sauf heißen, dass er so durstig und hellig ist, dass er mit großem Saufen Weins nicht gekühlt werden. Und wird solch ewiger Durst Deutschlands Plage bleiben (hab ich Sorge) bis an den jüngsten Tag. Es haben gewehret Prediger mit Gottes Wort, Herrschaften mit Verbot. Aber der Sauf bleibt ein allmächtiger Abgott bei uns Deutschen … macht uns toll und töricht damit, schenket uns den Tod und allerley Seuche und Sünde damit ein."

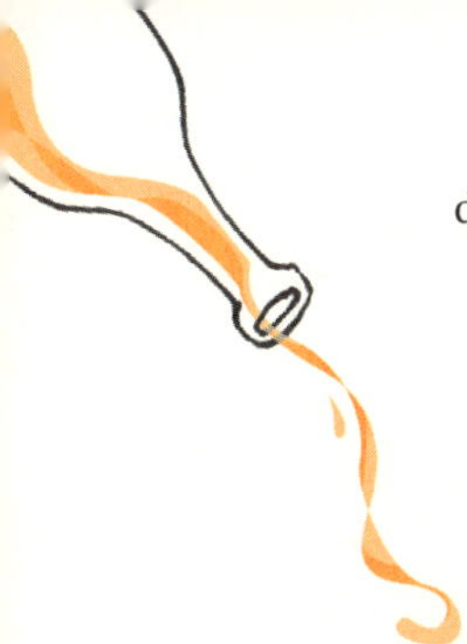

dreimal innerhalb von zehn Jahren tragen die Zirben der Alpen Zapfen. Warum das so ist, können auch Biologen nicht erklären. Die Weinlese ist akrobatisch, denn um an die Grundlage des Weines zu gelangen, muss Carsten Hell im Erntegebiet in Tirol mit dem Klettergeschirr in die Baumwipfel kraxeln. Die Nadelbaumzapfen müsse noch geschlossen sein, wenn sie gepflückt werden, denn nur dann enthalten sie genug ätherische Öle, um den Wein geschmacklich zu prägen. Zurück in Wertach schneidet Carsten Hell die Zapfen klein und stellt aus ihnen zusammen mit reinem Zucker und Quellwasser eine Maische her, die dann zum fertigen Wein vergoren wird. Wein aus Zirbenzapfen lässt sich sowohl trocken als auch lieblich ausbauen. So entsteht für jeden Geschmack ein außergewöhnliches Tröpfchen, das aber nur drei bis vier Jahre lagerfähig ist.

Die Zeit lässt sich allerdings gut mit Holunderblüten- und Beerenweinen überbrücken. Die Rezepte hierfür fand Carsten Hell in alten Büchern. Als Student hatte er nicht viel Geld für gekauften Wein übrig, aber dennoch Lust am Genuss. So begann er zu experimentieren, wie man aus Früchten Wein herstellen kann. Bei manchen Sorten ist es beim Versuch geblieben, denn lieber hat er nur wenige Sorten im Angebot, diese jedoch von hoher Qualität.

Adresse:
Allgäuer Gebirgskellerei
Carsten Hell
Grüntenseestraße 12
87497 Wertach

Öffnungszeiten:
Jeden Do 16.30–18.30 Uhr oder nach Absprache unter Tel. 0 83 66/98 85 15 oder E-Mail: wein@allgaeuer-gebirgskellerei.de.

Anfahrt mit öffentlichen Verkehrsmitteln:
Von Sonthofen aus mit dem Bus 81 Richtung Füssen bis zur Haltestelle „Wertach Rathaus" (Fahrtzeit: 34 Min.).

Kuriositäten in der Nähe:
- Rent a Camel in Hack
- Strohzylinder im Hutmuseum

Weisheit und Erleuchtung in der Oberpfalz

Der Nepal-Himalaya-Pavillon in Wiesent

Auf vielen Gipfelchen und Gipfeln Bayerns befinden sich kleine Kapellen. Auf Wiesent aber blicken die blauen Augen Buddhas hinab. Nun hat aber Wiesent weder besonders viele Migranten vom Fuße des Mount Everest, noch haben sich die Wiesenter kollektiv zum Hinduismus bekehrt. Das Gebäude auf der Martiniplatte ist auch keine religiöse Stätte im eigentlichen Sinne. Es handelt sich um einen durch den Architekten Amrit Shakya in Hannover 2000 für die dortige Expo errichteten Pavillon, der den buddhistischen Stupa und den hinduistischen Tempel in einem Bauwerk vereint. Die runde Form der traditionellen Stupa und die eckige Form des Tempels bilden ein modernes, neues Gebäude. Das ist ungefähr so, als würde man eine katholische Kirche mit einem Minarett bauen.

Der Pavillon soll Menschen dazu anregen, trotz Unterschieden zwischen Kulturen und Glaubensüberzeugungen zu einer gemeinsamen Lösung für weltweite Probleme zu gelangen. Dieser auf uns Europäer zunächst eigenartig wirkende Bau vermittelt in seiner harmonischen Großzügigkeit insgesamt Ruhe, was durch die Gartenarchitektur und die ausgeklügelte Wegeführung in der Gartenanlage rundherum noch verstärkt wird. Alles wirkt fast unwirklich harmonisch. Nur ein paar Momente lang fragt man sich, ob das nun Kitsch ist, verwirft diesen Gedanken aber ganz schnell. Denn was man sieht, ist wirklich gelungen und richtig schön! Ein fernöstliches Lächeln wird man sich nicht mehr verkneifen können.

Der Stupa, der typisch buddhistische religiöse Bau, hat seine runde Grundform ursprünglich von Grabhügeln. Er besteht aus vier Grundelementen: einer quadratischen Plattform, einem Kuppelgewölbe, einer Reliquien-Kammer und einer Spitze, die mit einer „Krone“ abgeschlossen ist. Diese vier Elemente stehen für die Elemente des Buddhismus: Moral, Versenkung, Weisheit und Erleuchtung. Eine spezielle Besonderheit nepalischer Stupas ist, dass ihre Spitze auf jeder Seite mit den Augen des allsehenden Buddhas bemalt wird. Das Gebäude wirkt dadurch auf den Betrachter sehr einladend. Es schaut den Besucher an.

Nach dem Ende der Expo in Hannover wanderte der mexikanische Pavillon nach Braunschweig und wurde zur Bibliothek, aus dem kolumbianischen Pavillon wurde eine Gaststätte in Wolfsburg. Der nepalesische Tempel wurde zerlegte und in Wiesent wieder aufgebaut. Es wäre auch zu schade gewesen, ihn abzureißen, denn allein schon sein Material hat eine lange Lebensdauer. Er ist aus nepalesischem Hartholz gebaut, aus dem Holz des Salbaums, dessen Langlebigkeit man schon an

seinem botanischen Namen *Shorea robusta* erkennt. Man verwendet es sogar zum Bau von Brücken. Zahlreiche figürliche Schnitzereien schmücken den Tempel. An ihnen haben mehr als 800 Familien in Nepal über drei Jahre gearbeitet. Der Betrachter, der in einer Hand das Buch „Schräge Heimat" hält und mit der anderen Fotos machen möchte, beneidet unweigerlich die vielarmigen Götterdarstellungen.
Das Publikum des wunderschönen, artenreichen Gartens ist sehr gemischt. Da sitzen spirituell in sich gekehrte Mittfünfzigerinnen, inhalieren den Räucherstäbchenduft und lauschen moderner Meditationsmusik. Opas im Karohemd diskutieren mit ihren Gattinnen, ob man nicht auch im eigenen Garten eine Riesenherzblattlilie, die größte Lilienart der Welt, anpflanzen sollte. Und Kinder drehen vergnügt an Gebetsmühlen und locken zahme Koi-Karpfen. An Ständen gibt es Wasser, fernöstliches Kunsthandwerk und Gebetsfähnchen für den eigenen Garten. Auch wenn man sehr vertraut mit dem Freistaat Bayern ist oder sogar unter weiß-blauem Himmel geboren wurde – hier fühlt man sich spätestens wie ein Tourist.
Zwar stehen als Nationalpflanze Nepals um den Pavillon viele Rhododendren, doch keineswegs alle Blumen und Stauden sind aus dem Hochgebirge. Im nicht gerade tropischen, aber durch die Donau doch nicht klirrend kalten Wiesent wachsen mit 2500 Pflanzenarten mehr Sorten als in den meisten Botanischen Gärten Deutschlands – und das, obwohl er nur von zwei hauptberuflichen Gärtnern und zwei Saisonkräften gepflegt wird.
Fahren Sie hin, lassen Sie sich vor einem Buddha fotografieren, stellen Sie das Bild auf Ihre Homepage ein – und jeder glaubt Ihnen den Kurztrip nach Asien!

Adresse:
Nepal-Himalaya-Pavillon
Martiniplatte
93109 Wiesent

Öffnungszeiten:
Vom 2. Sonntag im Mai bis zum 1. Sonntag im Oktober So und Mo 13–17 Uhr, zusätzlich im August Sa 13–17 Uhr. An Feiertagen, die keine Sonn- oder Montage sind, ist nicht geöffnet. Die Eintrittsgelder fließen der Organisation „Wasser für die Welt" zu.
Auf dem ganzen Gelände herrscht striktes Rauchverbot. Hunde dürfen nicht mitgenommen werden.

Anfahrt mit öffentlichen Verkehrsmitteln:
Von Regensburg ab der Haltestelle „Albertstraße" mit der VV-Bus-Linie 5 Richtung Wörth bis zur Haltestelle „Wiesent-West" (Fahrtzeit: 39 Min.), von dort aus etwa 2 km zu Fuß in den Forstmühler Forst.

Garantie für festen Zusammenhalt

Sammlung chirurgischer Klammernahtgeräte an der Chirurgischen Universitätsklinik in Würzburg

Tacker kennen wir alle. Angenehm ist der Umgang mit ihnen selten: Egal ob man auf dem Rücken liegt und das Gerät über sich an die Dachschräge presst, um juckende Glaswollbahnen zur Isolierung zu befestigen, oder ob man die Steuererklärung macht und Kraftstoffquittungen aneinanderheftet. Aber eins ist sicher: Was getackert wurde, das hält. Die Metallklammer verbindet drei Vorteile, die sie auch für die Medizin attraktiv machen: Es wächst zusammen, was zusammengehört, dabei werden die zu verbindenden Teile so gepresst, dass kein Blut oder Mageninhalt mehr durch Ritzen austreten kann und es geht zügiger, als von Hand etwas zusammenzunähen. Die Idee, Wunden zu verklammern, ist nicht neu. Man weiß, dass bereits im antiken Ägypten 2000 vor Christus Ameisen verwendet wurden, um Wunden mit ihren Beißzangen zusammenzuhalten. Die Körper der Ameisen wurde nach der Operation abgetrennt, der verbleibende Kopf diente als Wundklammer.
Ameisen gibt es in der Universitätsklinik in Würzburg höchstens auf der Terrasse zu sehen, auf der die Patienten, Besucher und Reisenden auf der Jagd nach dem Kuriosen einen Kaffee trinken können. Zu viel zu essen ist allerdings nicht zu empfehlen, wenn man sich danach auf die Ebene 1 des Hauses A (Chirurgische Poliklinik) begeben möchte. Es ist nicht gerade der repräsentativste Raum der Klinik. Unter einer Treppe, die zu Sitzgelegenheiten führt, kann man anhand vieler Exponate die Geschichte der chirurgischen Klammernahtgeräte kennenlernen. Die Geräte aus den unterschiedlichen Ländern werden anschaulich präsentiert – und teils wird sogar an kleinen, kuscheligen, abstrakt in Leuchtrot gehaltenen Mägen aus Stoff gezeigt, wie und wo das jeweilige Gerät die Klammern setzt.
Das Funktionsprinzip ist bei allen Geräten dasselbe und unterscheidet sich nicht wesentlich von den Bürogeräten. Klammern aus Edelstahl werden ins Gewebe gedrückt und ihre Spitzen auf einer Andruckplatte umgebogen, d.h. die Klammern verschlossen. Im Wesentlichen gibt es folgende Gruppen: Gerade Klammernahtgeräte zum Verschluss des Hohlraums von Magen und Darm oder der Lunge.
Doppelläufige Klammernahtgeräte: Für Nähte, bei der zwei Abschnitte von Hohlorganen, zum Beispiel des Darms, seitlich geöffnet und anschließend an den Öffnungen wieder aneinandergetackert werden.

Zirkuläre Klammernahtgeräte: Für Nähte, die man braucht, wenn zum Beispiel ein Stück des Darms herausgeschnitten wurde und man beide Enden wieder rund aufeinander setzen muss, damit wieder ein durchlässiger Schlauch daraus wird.
Einzelklammernahtgeräte: Für den Wiederverschluss der Haut oder Operationen mit Bauchspiegelung, bei denen der Bauch nicht ganz aufgeschnitten wird, sondern die Ärzte und Ärztinnen mit einer Art Kamera in den Patienten schauen.
Die Ausstellung in Würzburg zeigt die größten Highlights der Klammernahtgerätehistorie, etwa das erste Gerät von Hümér Hültl, das er 1908 in Budapest vorstellte, und das noch 3,8 Kilogramm auf die Waage bringt. Da gibt es den Magen-Darm-Nähapparat nach Friedrich von 1934 zu bestaunen, zu dem sogar noch die Katalogwerbung existiert, die die Neuentwicklung anpreist. Der Betrachter erkennt an russischen Klammergeräten und ihren amerikanischen Nachbauten, dass die Sowjetunion den USA beim Klammern deutlich voraus war. Mit dem chinesischen Linearstapler XF 90 ist auch seine chinesisch formulierte Gebrauchsanleitung ausgestellt. Die Ausstellung ist einmalig, denn wo sonst bekommen Sie den Multifire GIA 60 zu Gesicht, den MiniSite MiniShears, den Premium Surgiclip und – jetzt klammern Sie sich fest – das weltweit kleinste, lineare, computerunterstützte Klammermagazin?

Adresse:
Chirurgische Universitätsklinik und Poliklinik (Chirurgische Klinik I)
der Julius-Maximilians-Universität Würzburg
Sammlungsleiter: Dr. Christoph Weißer
Oberdürrbacher Straße 6
97080 Würzburg

Öffnungszeiten:
Täglich 7–21 Uhr während der Kliniköffnungszeiten.

Anfahrt mit öffentlichen Verkehrsmitteln:
Vom Busbahnhof in Würzburg mit dem Bus 13 Richtung „Pestalozzistraße" bis zur Haltestelle „Uni-Klinikum Bereich A" oder ab der Haltestelle „Hauptbahnhof Ost" mit der Straßenbahn 5 Richtung „Pestalozzistraße", dort umsteigen in den Bus 13 Richtung Busbahnhof bis zur Haltestelle „Uni-Klinikum Bereich A".

Kuriositäten in der Nähe:
- Artikulatorensammlung der Poliklinik für zahnärztliche Prothetik in Würzburg
- Formobstkultur im Hofgarten Würzburg
- Demonstrationsobjekte für Haut- und Geschlechtskrankheiten der Poliklinik für Hautkrankheiten der Universität Würzburg
- Soldatenhaarnetz im Museum für Militärgeschichte in Stammheim

Das Luder in der Falle

Der letzte Bärenfang Deutschlands in Zell

Die Bärenhatz war im 17. Jahrhundert eines der beliebtesten und dem Adel vorbehaltenen Ereignisse. Das Jagdschloss Thiergarten des Markgrafen von Kulmbach Bayreuth bot ideale Bedingungen für eine fröhliche Jagdgesellschaft. Bei der Hatz jagten Hunde einen Braunbären und fingen ihn. Das war für die Zuschauer ungefährlich, nicht anstrengend und doch spannend.

Das Problem: Keine Bärenhatz ohne Bären. Bären waren aber zumindest in den bewohnten Gebieten selten, nahmen aber in ihrer Zahl nach dem Dreißigjährigen Krieg in den abgelegeneren Regionen des Reiches wieder zu. Und so hatte der Markgraf die Idee, sich die Bären lebend im Fichtelgebirge fangen zu lassen. Dort wurde auf dem Hohen Waldstein ein Bärenfang gebaut. Er steht noch heute als der letzte in Deutschland. Es handelt sich um ein acht Meter langes, über drei Meter breites und bis zum First rund fünfeinhalb Meter hohes Gebäude aus großen Granitquadern. Das Haus besitzt keine Fenster, wahrscheinlich aber schon immer ein Dach, früher wohl ein mit Schindeln gedecktes.

Im Jahr 1656 wird er zum ersten Mal erwähnt. Wann genau er gebaut wurde, darüber gibt es keine Dokumente. Der erste schriftliche Hinweis findet sich in einer Rechnung des markgräflichen Kastenamtes Münchberg vom 3. April 1656. Darin wird das Futter für die acht Pferde abgerechnet, die die Bevölkerung stellen musste, um den Bären lebendig vom Waldstein auf einem Wagen nach Gefrees zu bringen, von wo der Bär nach Bayreuth weiterreiste. Insgesamt wurden in der Geschichte des Bärenfangs bis 1735 mindestens 14 Bären gefangen. Die meisten gingen nach Bayreuth zur Freude der Jagdgesellschaften, einer landete aber wohl im Naturalienkabinett in Erlangen, andere mussten zur Volksbelustigung auf Märkten tanzen. Zum letzten Mal wurde der Bärenfang 1780 zum Einfangen präpariert, da man in der Umgebung Spuren entdeckt hatte. Unabsichtlich wurden aber zwei Mönche fest gesetzt, die einen Unterstand und Schutz vor Regenwetter gesucht hatten.

Die Mönche haben keinen Schaden angerichtet, die gefangenen Bären davor aber durchaus. Immer wieder findet man in den Akten hohe Rechnungen für die Reparatur des Bärenfangs, da die Bären in dem Häuschen zu sehr „tolleriert“ haben, das heißt, sie hatten randaliert.

Mit Speck fängt man Mäuse, aber mit was fängt man Bären? Mit einem Luder! Luder nennt man in der Sprache der Jäger Aas, das zum Ködern von Raubtieren ausgelegt wird. Der Schinder, der am Fuße des Waldsteins in Reinersreuth wohnte, hatte die Aufgabe, tote Tiere bereitzustellen. Er war in der Umgebung für die Entsorgung von verendeten Tieren, aber auch für die Fütterung der Hunde des Schäfers mit Aas und für die Bestückung des Bärenfangs zuständig.

Wie genau das Luder platziert wurde, weiß man nicht mehr. Eine Theorie geht davon aus, dass die Falltüren mit einer Seilwinde hinaufgezogen wurden, an deren Ende an einem Seil das Luder in einem Sack angebunden war. Verbiss sich der Bär im Sack und zerrte daran, so schnellten die Tore nach unten. Eine andere Möglichkeit wäre, dass der Bär bei Betreten des Häuschens auf eine Holzbohle trat, die nach unten sackte und die Türen in Gang brachte oder dass der Köder an einer Metallstange befestigt war, die Verbindung mit den Türen hatte. Hatte ein Bär sich selbst gefangen, dann wurde er in einen Käfig getrieben, der an dem kleinen Seiteneingang aufgestellt wurde, und den man auf einen Wagen schaffen konnte. Bis er aber abtransportiert wurde, bestand ständige Gefahr, dass das starke Tier entkommt. Es wurden Wächter am Fang positioniert, die Brot und Bier erhielten, bis ein Transportgespann bereitstand. Der Herzog zahlte außerdem ein Fanggeld an den Förster. Er ließ sich seinen Spaß also einiges kosten.

Adresse:
Marktgemeindeverwaltung Zell
Rathaus
95239 Zell

Der Bärenfang befindet sich in der Nähe des Waldsteinhauses. Von dort ist der ebene Spazierweg gut ausgeschildert und nach 5 Minuten steht man davor.

Anfahrt mit öffentlichen Verkehrsmitteln:
Vom Münchberger Bahnhof mit dem Bus 6351 Richtung Weißenstadt bis zur Haltestelle „Zell, Abzweigung Waldstein“ (Fahrtzeit: 23 Min.), dann 1,3 km zu Fuß.

Kuriositäten in der Nähe:
- Asbestflocken zum Filtrieren trüber Spirituosen (war bis 1965 erlaubt) in der Sack'schen Destille in Weißenstadt
- Traditionelle Glasperlenwerkstatt in Warmensteinach

Ortsregister

Die kursiv gesetzten Orte sind Hinweise auf Kuriositäten in der Nähe